Znaim
Das Stadtrechtsbuch von 1523

Znaim
Das Stadtrechtsbuch von 1523

*„da durch die Gerechtigkeit
zwischen denen die fur gericht komen
und underscheidlicher furfallenden
sachen durch urtail begeren.
an das licht komen mocht.
Und das yedem das seyn gegeben.
auch fryd und aymkait dem
Gemeinen nutz mocht erspriessen.“*

(Stadtrechtsbuch Folie *7* **v)**

Daß die Gerechtigkeit
an das Licht kommen möchte
zwischen denen, die vor Gericht kommen
und unterschiedlich zu den vorliegenden
Sachen ein Urteil begehren.
Und daß jedem das Seine gegeben,
auch Friede und Einigkeit dem
gemeinen Nutzen möchte ersprießen.

Dr. Hellmut Bornemann

Znaim
Das Stadtrechtsbuch von 1523

ISBN 3-927498-14-9
Verlag des Südmährischen Landschaftsrates
D-7340 Geislingen/Steige 1992
Druck: C. Maurer Druck und Verlag, Geislingen/Steige

Inhalt

Einführung

Christian d'Elvert verweist 1850 in seiner Literaturgeschichte des Landes Mähren auf den „prachtvollen Pergament-Codex der vom Stadtnotar Stephan von Wischau redigierten Municipalrechte von 1523 mit den ausgezeichnetsten Illuminationen von der Hand des Olmützer Wolfgang Fröhlich, wie einen solchen keine andere Stadt des Landes besitzt".[1)]

Mit der vorliegenden Arbeit soll der Versuch unternommen werden, dieses sowohl in rechtsgeschichtlicher als auch in kunstgeschichtlicher Hinsicht gleich bedeutende Werk der Vergessenheit zu entreißen und an Hand des Stadtrechtsbuches von 1523 die Bedeutung des deutschen Stadtrechtes für die Besiedlung von Znaim und für die Besiedlung von Böhmen und Mähren aufzuzeigen.

Als Grenzstadt zu Österreich war Znaim für die böhmischen Herzöge und Könige und für die Markgrafen von Mähren ein wichtiger Stützpunkt bei der Abwehr der Tataren, in den Auseinandersetzungen mit Österreich und Ungarn sowie in den Kämpfen um die Vorherrschaft im eigenen Land.

Die Entstehung des Stadtrechtes von 1523 fällt in eine Zeit, in der der hohe Adel in Böhmen und Mähren das althergebrachte deutsche Recht nicht nur für die bäuerliche Bevölkerung, sondern auch für die Städte zu beschneiden suchte, um den eigenen Einfluß gegenüber dem König zu stärken.

Bei der Beschäftigung mit diesem bedeutenden Dokument drängen sich Fragen nach der Vorgeschichte des Stadtrechtes für Znaim, nach der politischen Situation zur Entstehungszeit, nach der kunsthistorischen Einstufung des Werkes und Fragen nach der Geschichte der deutschen Stadtrechte im allgemeinen und für den böhmisch-mährischen Raum auf.

1. Die Entstehung des deutschen Stadtrechtes als Grundlage der wirtschaftlichen Entwicklung des Mittelalters in Mitteleuropa

Die im Mittelalter in den verschiedenen Gebieten zum Teil unabhängig voneinander sich entwickelnden Stadtrechte haben gemeinsame Grundlagen, die sich ableiten

aus der von den Bürgern angestrebten und in den Städten erreichten persönlichen Freiheit,

aus dem genossenschaftlichen Zusammenschluß und der ständischen Ordnung des Handwerks als entscheidender Wirtschaftsfaktor jener Zeit

und aus dem Wunsch der Herrschenden, den wachsenden Finanzbedarf durch Privilegien jenen aufstrebenden Stand zu sichern, der durch Handel und Gewerbe einen entscheidenden Einfluß auf die Vermehrung des Wohlstandes hatte.

Für die mit Privilegien ihrer Herzöge, Fürsten, Markgrafen und Könige ausgestatteten Städte wurden Stadtbücher angelegt, in denen nicht nur das einmal erteilte Recht, sondern auch die Bestätigungen dieser Rechte durch die nachfolgenden Herrscher aufbewahrt wurden. Auch die Rechtsfindung in den mit eigenem Recht ausgestatteten Städten durch deren Richter und Schöffen waren Teile dieser Bücher.

Aufbauend auf den ältesten Rechtsüberlieferungen – dem Sachsenspiegel und dem Schwabenspiegel – entwickelten sich die Rechtsgrundlagen der Städte. Conrad[1)] führt zu der Entwicklung der Stadtrechte aus: „Sie leiten sich in der älteren Zeit vom Stadtherrn her (Privilegien, Handfesten) oder beruhen auf königlichen Privilegien. Seitdem die Städte zu selbständigen politischen Körperschaften geworden waren, schufen sie selbst im Wege der Eigengesetzgebung oder der umfassenden Rechtssatzung städtisches Recht (Willküren, Einungen, Statuten, Schraen)."

Drei Rechtsfamilien des deutschen Rechtes erlangten für die Rechtsentwicklung in den Städten besondere Bedeutung. Es waren dies die Stadtrechtsfamilien von Magdeburg, von Lübeck und die süddeutsche Stadtrechtsfamilie. Die Ausstrahlung dieser Stadtrechtsfamilien in die übrigen Städte läßt sich durch die Einholung von Rechtsbelehrungen bei den Oberhöfen für die verschiedenen Stadtrechtsfamilien nachweisen. Im Norden entlang der Küste bis nach Nordosten in die baltischen Länder wirkte das Lübecker Stadtrecht als Vorbild. In der Mitte bis Rußland dominierte das Magdeburger Recht, und im Süden unter Einschluß des mittleren und südlichen Teiles von Böhmen und Mähren bis Ungarn und Siebenbürgen wurde das süddeutsche Stadtrecht heimisch. Nicht immer blieben die Städte der gleichen Stadtrechtsfamilie treu. So war in Mähren zunächst das Magdeburger Stadtrecht weit verbreitet und wurde später zum Teil durch das süddeutsche Stadtrecht abgelöst.

Die Übernahme der deutschen Stadtrechte in fremde Sprachen weist auf den Bedarf solcher Rechtsnormen in einer sich wandelnden Wirtschaftswelt hin. Weizsäcker[2)] sieht den Grund für die erstaunliche Verbreitung des deutschen Stadtrechtes in seiner Zweckmäßigkeit.

Die in den Städten angelegten Stadtbücher werden nach Conrad[3)] unter Bezug auf die grundlegende Arbeit von Homeyer[4)] in vier Gruppen unterteilt. Danach umfassen die Stadtbücher die sogenannten Statutenbücher, in denen neben den erteilten Privilegien auch seine späteren Bestätigungen erfaßt wurden. Als zweite Gruppe enthalten die Stadtbücher die Gerichtsbücher einschließlich der Schöffenbücher, in denen sich die in der Stadt entwickelte Rechtssprechung dokumentiert. Dieser Teil war durch die den Schöffen übertragene Selbständigkeit bei der Urteilsfindung besonders wichtig. Die dritte Gruppe umfaßt die Akte der freiwilligen Gerichtsbarkeit mit Beurkundungen von Verträgen und Geschäften. Zur vierten Gruppe zählen die Verwaltungsbücher mit Aufzeichnungen über städtische Verwaltungsakte.

In rechtlicher Hinsicht ist, wie bereits erwähnt, die Fortentwicklung der Rechtsnormen über die Schöffensprüche von herausragender Bedeutung. Sie geben Einblick in die Rechtsauffassungen jener Zeit. Die Sammlungen der Schöffensprüche sind - abhängig von dem Zeitpunkt der Niederschreibung - zum Teil in lateinischer, zum Teil in deutscher Sprache abgefaßt. Mit der Erteilung und der Fortentwicklung der Stadtrechte entsteht neben den bis dahin dominierenden Ständen des Adels und des Klerus ein weiterer Stand mit königlichen Privilegien, der durch seine Leistungsfähigkeit in der weiteren Entwicklung in die Geschicke des Landes selbst eingreifen kann.

Das Stadtrecht war zunächst die Dokumentation des Rechtes der Bürger in den Städten und damit die Festschreibung für das Zusammenleben in einer größeren Gemeinschaft mit Problemen, die sich in den Dorfgemeinschaften nicht oder nicht in dieser Form stellten. Mit dem Machtzuwachs der Städte wurde das Stadtrecht aber auch ein nach außen gerichtetes Instrument. Die freien Bürger der königlichen Städte gewannen als ein unabhängiger Stand ein Mitspracherecht in entscheidenden politischen Fragen.

Die Machtentfaltung der Städte hatte als Hintergrund die wirtschaftliche Prosperität. Nicht die Arbeit in den Dörfern und Marktflecken, auf deren Erträge sich der Adel und der Klerus im wesentlichen vor der Erstarkung der Städte gestützt hatten, konnte es mit der wirtschaftlichen

Dynamik der Städte aufnehmen. Diese Entwicklung war aber auch die Grundlage für den Wunsch des Adels und der Klöster, in den Städten selbst einen größeren Einfluß zu gewinnen. Das Handwerk als Basis von Wohlstand und Reichtum benötigte die Freiheit und die Rechtssicherheit in den Städten. Die Veränderung der Wirtschaftsstrukturen im Mittelalter – das Aufblühen von Handwerk und Handel – steht mit der Bildung der Städte im unmittelbaren Zusammenhang. Diese Veränderung ist ohne Stadtrecht, ohne freie Entfaltung des Bürgers und ohne geschützte Ordnung seiner Tätigkeit nicht vorstellbar.

2. Deutsches Stadtrecht in Böhmen und Mähren

Die Ausbreitung des deutschen Rechtes in Böhmen und Mähren wurde nicht nur durch den Anteil der deutschen Bevölkerung in diesen Ländern getragen. Wie sich aus vielen Dokumenten ergibt, war die Erteilung dieser Rechte durch Herzöge, Könige und Markgrafen auch die Grundlage für die Anwerbung neuer Siedler in einen Raum, der durch kriegerische Auseinandersetzungen, Plünderungen und Verwüstungen große Opfer zu tragen hatte.

Das Sobieslawische Privileg (1176 – 1178)

Für die Entwicklung des deutschen Stadtrechtes in Böhmen und Mähren ist die Bestätigung des böhmischen Herzogs Sobieslaw II. (1173 – 1178) ein wichtiges Dokument. Dieses Privileg über die Befreiung der in Prag lebenden Deutschen vom slawischen Landrecht und die Bestätigung einer eigenen Rechtsordnung hat besondere Bedeutung durch den Bezug auf eine weit zurückliegende Urkunde. Der Herzog beruft sich in seinem Privileg auf seinen Großvater, den Herzog Wratislaw II. (1061 – 1085) und späteren König Wratislaw I. (1085 – 1092), unter dessen Herrschaft den Deutschen eben diese Rechte zugebilligt worden waren.
Die Wichtigkeit des Dokumentes wird unterstrichen durch die Tatsache, daß die von Sobieslaw bestätigten Freiheiten in seiner Nachfolge von den Königen Wenzel I. um 1231, Ottokar II. 1274 und Johann von Luxemburg 1319 erneuert wurden. Auf den folgenden Seiten 15 und 16 ist eine Übersetzung des lateinischen Textes beigefügt[1)]. Aus dem Text ergibt sich eine klare Trennung zwischen den Deutschen und den Böhmen hinsichtlich der Bestätigung ihrer Rechte und Gewohnheiten, die Anerkennung eines deutschen Richters und einer eigenen Rechtsordnung für die Deutschen.

Freiheiten vom slawischen Landrecht auch in Mähren

Nicht nur den Deutschen in Prag wurden die Freiheiten von dem slawischen Landrecht eingeräumt. Seit dem Beginn des dreizehnten Jahrhunderts finden sich auch für Mähren viele Urkunden, ausgestellt von den böhmischen Königen und mährischen Markgrafen, durch die

Herzog Sobieslaw II. von Böhmen bestätigt den in Prag lebenden Deutschen ihre Rechte

Ich Sobieslaw, Herzog der Böhmen, mache allen Gegenwärtigen und Zukünftigen bekannt, daß ich in meine Gnade und meinen Schutz die Deutschen aufnehme, die in der Prager Vorburg wohnen, und ich will, daß diese Deutschen, wie sie von den Böhmen ihrer Herkunft nach verschieden sind, von den Böhmen auch durch ihr Gesetz oder Brauchtum geschieden sein sollen.

Ich gestatte also diesen Deutschen, nach Gesetz und Recht der Deutschen zu leben, das sie seit der Zeit meines Großvaters, des Königs Wratislaw, hatten. Einen Pfarrer, den sie nach ihrem Belieben für ihre Kirche auswählen, gestehe ich ihnen zu und einen Richter gleichfalls. Und der Bischof soll ihrem Begehren keinesfalls widersprechen. Wegen Diebstahls und deswegen, was „nadwore" heißt, sollen sie mit sieben Händen schwören. Zu keiner Heerfahrt sollen sie sich aufmachen, außer wenn es für das Vaterland zu kämpfen gilt. Wenn der Herzog außerhalb Böhmens auf Heerfahrt ist, dann sollen die Deutschen Prag bewachen mit zwölf Schilden. Über Totschlag zu richten steht dem Fürsten zu; und für diesen Totschlag soll man dem Fürsten zehn Pfund Regensburger Münze zahlen oder die rechte Hand des Mörders, oder es werde nach Gnade beigelegt. Wer den Frieden unter ihnen bricht, der Schuldige zahle dem Fürsten zehn Pfund. Wenn ein Böhme mit einem Deutschen eine Rechtssache hat, die mit Zeugen bewiesen werden muß, dann soll der Böhme gegen den Deutschen zwei Deutsche und einen Böhmen haben, alle treu verläßlich. Ebenso wenn ein Deutscher mit einem Böhmen eine Rechtssache hat, dann soll der Deutsche gegen den Böhmen zwei Böhmen und einen Deutschen haben, aber treu verläßlich. Gleichfalls bei Romanen und Juden. Ferner, wenn ein Böhme oder Romane oder sonstwer einen Deutschen beschuldigt, dann soll der oberste Kämmerer einen Boten zu dem Richter der Deutschen schicken, und dieser Richter der Deutschen wird solche Sache richten; und dabei steht dem Kämmerer nichts weiter zu. Und ich gestatte den Deutschen auch, frei zu sein von Gästen, Fremden und Ankömmlingen. Wisset, daß die Deutschen freie Leute sind! Jeder Ankömmling oder Gast – ganz gleich, von welchem Land er

kommt –, der bei den Deutschen in der Gemeinde wohnen will, soll Gesetz und Herkommen der Deutschen haben.
Wenn sich gestohlenes Gut bei einem Deutschen befindet, soll es in Gegenwart des Richters der Deutschen herausgeholt werden. Wenn der Dieb ein Deutscher ist, dann wird der Fürst über ihn richten. Wenn ein Dieb in der Nacht ergriffen wird, wird er gehängt. Wenn er bei Tag ergriffen wird, wird er öffentlich gestäupt und muß der Gemeinde abschwören; wenn er später ergriffen wird, wird er gehängt. Ganz gleich, was die Deutschen tun, sie werden nicht gefangengenommen, noch in den Kerker geworfen, wenn sie Bürgen oder ein eigenes Haus haben. Ganz gleich, in welcher Sache die Deutschen schuldig oder beklagt werden, ihre Kinder und Ehefrauen sollen weder Schmach oder Schande erleiden. Wenn nachts jemand durch die Siedlung der Deutschen geht und keine Fackel hat, und wenn er dann getötet wird, sind die Deutschen nicht verklagbar. Wenn falsches oder zerbrochenes Geld in der Truhe eines Deutschen gefunden wird, ist der schuldig, dem die Truhe gehört. Wenn es aber im Hofe oder im Hause gefunden wird, ist der unschuldig, dem das Haus oder der Hof gehört, wegen der schlechten und böswilligen Menschen, die solches gern in Häuser oder Höfe werfen. Wenn ein gestohlenes Pferd bei einem Deutschen entdeckt wird, dann soll der, der das Pferd entdeckt, zuvor schwören, er habe die Sache durch Diebstahl verloren; danach soll der Deutsche schwören und dabei in einem Kreis stehen, der mit einem Schwert auf der Erde gezogen ist, daß er das Pferd oder die Sache nicht gestohlen, sondern gekauft habe, und daß er den Verkäufer dort oder dessen Haus nicht kenne.
Nirgendwo müssen die Deutschen schwören, es sei denn vor der St. Peterskirche und auf Befehl des Fürsten. Wenn eine heimliche Schenke im Haus eines Deutschen entdeckt wird, dann soll in Gegenwart des Richters der Deutschen oder eines Boten der Herr des Hauses gefangengenommen werden, und kein anderer.

den Deutschen besondere Rechte zugesichert wurden. Zum Teil sind diese Privilegien zugunsten einzelner Städte, zum Teil zugunsten der Klöster und zum Teil zugunsten einzelner Dörfer und Marktflecken ausgestellt.
Die älteste erhalten gebliebene Urkunde[2)] über die Verleihung des deutschen Rechtes in Mähren datiert aus dem Jahre 1213. Der böhmische König Przemysl Ottokar I. (1205 - 1230) bestätigte darin den Bürgern von Freudenthal das deutsche Recht „secundum jus teutonicorum". Unter den Unterschriften, die diese Urkunde beglaubigten, befindet sich auch die Unterschrift von Emmeran, Burgherr von Znaim.
Markgraf Wladislaw Heinrich (gest. 1222) befreite mit einer Urkunde [3)] aus dem Jahre 1213 die Besitzungen des Johanniterordens in ganz Mähren „von allen Verpflichtungen des heimischen Rechtes und verbietet seinen Amtsträgern Eingriffe in das dem Orden gewährte Recht"[4)]. Deutlicher wird eine Ergänzung zu dieser Urkunde aus dem Jahre 1218, wonach der Orden die Erlaubnis erhält, Siedler zu rufen und diesen Siedlern die Genehmigung erteilt wird, „das Recht der Deutschen ruhig und unangefochten gebrauchen zu dürfen"[5)].
Im Jahre 1214 erteilt der gleiche Markgraf dem Ort Bisenz das Lundenburger Stadtrecht, von dem jedoch keine Ausfertigung erhalten geblieben ist. Mit diesem Privileg für Bisenz wurde die Auflage verbunden, eine Stadtmauer zu errichten. Die Stadtmauer sollte das Ansehen des Fürsten und die Verteidigungsfähigkeit des Landes stärken[6)] [7)].
Von König Przemysl Ottokar I. stammt das Privileg [8)] [9)] für die Bürger von Mährisch-Neustadt aus dem Jahre 1228. In diesem Dokument wird ausdrücklich auf das Magdeburger Stadtrecht verwiesen.
Auch den Bürgern von Olmütz bestätigt die Urkunde Przemysl Ottokars I. aus dem Jahre 1228 das Magdeburger Stadtrecht „juris Teutonicorum quod Meigdeburgense vulgariter nuncupatur"[10)] (Deutsches Recht, welches gewöhnlich Magdeburger genannt wird). Im gleichen Jahr 1228 erhält auch Göding das deutsche Stadtrecht[11)].
Eine Urkunde[12)] des Markgrafen Przemysl (1234 - 1253) zugunsten des Klosters Raigern aus dem Jahre 1234 weist auf die Tatsache hin, daß das deutsche Recht nicht nur für die Städte, sondern auch für das Marktrecht der Dörfer bestimmt wurde. Dem Dorf Raigern, das unmittelbar beim Kloster lag, wurde in diesem Privileg das Marktrecht bestätigt, „wie es überall zur deutschen Freiheit gehört" (prout ubique Teutonice libertatis est)[13)].
Für Brünn ist ein 1243 [14)] von König Wenzel I. (1228 - 1253) erteiltes Stadtrecht überliefert. Daß schon vor dieser Zeit ein Stadtrecht bestand, ergibt sich aus der Urkunde des Jahres 1229[15)], die Befreiungen der umliegenden Dörfer vom Landgericht und die Zuweisung der

Streitsachen an das Stadtgericht in Brünn festlegt. Rössler[16] sieht die Wurzeln des Brünner Stadtrechtes auch schon vor 1229, da unter dem Markgrafen Wladislaw Heinrich von Mähren (1197 - 1222) viele Deutsche in Brünn wohnten, die einen eigenen Stadtteil und eine eigene Pfarrkirche besaßen.

Eine dem Brünner Stadtrecht vergleichbare Bedeutung erlangte das Iglauer Stadt- und Bergrecht des Jahres 1247[17]. Für lange Zeit war dieses Recht ein Vorbild für viele Bergstädte in Böhmen, Mähren und Ungarn[18]. Der Reichtum dieser Stadt durch die Bodenschätze, von denen in einer Urkunde des böhmischen Königs Wenzel IV. (1378 - 1419) „Gold, Silber, Kupfer und andere Metalle" aufgeführt sind, war die Grundlage für die Ausbreitung des Bergrechtes dieser Stadt. Iglauer Bergleute gründeten den Bergbau auch in anderen Teilen des Landes, wo sich allmählich eigene Städte bildeten. Von diesen Neugründungen wurde das Iglauer Bergrecht übernommen. „Dadurch ward Iglau ein angesehener Oberhof, das Ansehen seiner Schöffensprüche und Rechtspflege verbreitete sich in weiten Kreisen. Sein Stadtrecht galt in den meisten Städten Böhmens und Mährens, sein Bergrecht verbreitete sich über die Marken dieser Länder nach Schlesien, Sachsen und Ungarn und ward hierdurch die Grundlage aller späteren deutschen Berggesetzgebung."[19]

Deutsches Weinbergrecht in Mähren

Eine besondere Rechtsgewohnheit hinsichtlich der Zuständigkeit für Streitigkeiten und Auslegungen bestand über Jahrhunderte für das Weinbergrecht. Seit frühester Zeit hatte auf diesem Gebiet das deutsche Recht Gültigkeit. Deutlich wird dies aus der Zuständigkeit der alten Grafendingstätte zu Falkenstein in Niederösterreich nahe der mährischen Grenze für alle Weinbergfragen auch in Mähren.

In dem Brünner Schöffenbuch des vierzehnten Jahrhunderts ist unter der Nummer 478 der Schöffensprüche das Zugrecht in Weinbergsachen aus dem Brünner Raum „an die Schöffen in Falkenstein" bestätigt. Da das Brünner Schöffenbuch auf den alten Rechtsüberlieferungen aufbaut, ist die Zuständigkeit von Falkenstein und das deutsche Recht in Weinbergsachen sehr viel älter. Lechner[20] berichtet zu dem Ort Falkenstein, daß dies ein „Oberhof und Gerichtsvorort für die mährischen Weinbaugemeinden" war. Ein „Bergtaiding" (Bergrecht) aus Falkenstein, niedergeschrieben im Jahre 1528, ist erhalten geblieben. Darin wird auf das Bergrecht des Jahres 1309 Bezug genommen. Wolf [21] vermutet, daß der Weinbau nach Falkenstein mit dem großen Siedlungsstrom des elften Jahrhunderts aus dem pfälzisch-fränkischen Raum gekom-

men ist. „Sicher ist, daß er sich von hier aus weit nach Norden über Südmähren bis in die Gegend von Brünn, wo er heute nicht mehr zu finden ist, verbreitet hat"[22]. Wolf führt weiter aus: „Dieses Falkensteiner Berggericht war nun interessanterweise Oberhof und Appellationsgericht für die meisten südmährischen Weinbergrechte"[23].
Noch Anfang des siebzehnten Jahrhunderts wurde Falkenstein als Oberhof vom mährischen Landtag anerkannt. Wolf berichtet, daß eine vor das Falkensteiner Berggericht gebrachte Streitsache in tschechischer Sprache vom Marktrat mit dem Bemerken zurückgewiesen wurde, daß „in Falkenstein nur in deutscher Sprache geschrieben und gesprochen wird"[24].
In diesem Zusammenhang kann wahrscheinlich auch auf die Übertragung eines Weinbergzehnten in Gnadlersdorf an das Stift Klosterbruck bei Znaim durch den Ritter Rüdiger nach deutschem Recht aus dem Jahre 1202 Bezug genommen werden (Seite 27).

Unterschiedliche deutsche Rechtsfamilien in Böhmen und Mähren

Mährisch-Neustadt, Olmütz und noch weitere Städte im Norden Mährens, zum Teil auch Städte in Böhmen wurden mit dem Magdeburger Recht ausgestattet. Das deutsche Stadtrecht ist jedoch für die Städte im böhmisch-mährischen Raum nicht einheitlich auf das Magdeburger Recht ausgerichtet. Der starke Einfluß aus dem Süden mit dem schon 1212 von Herzog Leopold VI. (1195 - 1230) für Enns erteilten und 1221 von Wien übernommenen Stadtrecht[25] wirkte sich auf den mittleren und südlichen Teil von Böhmen und Mähren aus. Dies ist verständlich, wenn man den starken Einfluß bedenkt, der sich aus der ständigen Berührung der Menschen des Grenzgebietes mit den Nachbarn im Süden zwangsläufig ergab. Die Wurzeln dieses Enns/Wiener Stadtrechtes reichen sehr viel weiter zurück, als sich aus den Jahreszahlen ablesen läßt. Tomaschek[26] weist darauf hin, daß dieses Stadtrecht zum Teil wörtlich mit Rechtsgrundsätzen übereinstimmt, die Herzog Leopold V. (1177 - 1194) schon im Jahre 1192 für die Regensburger Kaufleute in Wien aufgestellt hatte. Tomaschek sieht aber auch Übereinstimmungen, „die sich in dem ganzen Charakter der älteren Babenberger Stadtrechte mit den früheren und gleichzeitigen flandrischen und französischen Stadtrechten findet."[27]
Die Stadtrechte in Brünn, Iglau, Prag und Znaim stehen nach Tomaschek mit dem Wiener Stadtrecht von 1221 „in einem innigen Zusammenhang, entlehnen demselben einen großen Teil ihres Inhaltes und schließen sich überhaupt an die Wiener Rechtsentwicklung an."[28]

Rössler[29] unterteilt die einzelnen Erscheinungsformen des deutschen Stadtrechtes in Mähren für die wichtigsten Städte wie folgt:

1. Sächsisch-Magdeburger Familie
   a. Freudenthal (1213), Mährisch-Neustadt (1223)
   b. Olmütz (1228)
   c. Teschen (1373), Troppau (1301)
2. Deutsche, nicht sächsische Familie, welche auf eine Mitteilung von Süden schließen läßt „Fränkische Familie“
   a. Lundenburger Recht (vor 1214)
   b. Znaimer Recht (frühe Dokumente fehlen)
   c. Leobschützer Recht (1270)
   d. Iglauer Recht (1247)
   e. Brünner Recht (1243)

Der enge Zusammenhang der süddeutschen Stadtrechtsfamilie mit dem fränkischen Raum ergibt sich auch aus einer Urkunde aus dem Jahre 1352. Der Stadtrat von Brünn hatte sich an den Stadtrat in Nürnberg mit der Bitte um Auskunft über die Fleischersatzung gewandt. Mit dem Brief vom 4. November 1352 wird „den ehrsamen weisen Leuten, dem Bürgermeister, den Schöffen und dem Rat der Stadt zu Brünn“ bereitwillig Auskunft erteilt und ausführlich zu allen Fragen einer solchen Satzung Stellung genommen[30].
Inwieweit den deutschen Stadtrechten in Böhmen und Mähren neben dem Bezug auf das Enns/Wiener Stadtrecht der Sachsenspiegel oder der Schwabenspiegel als Quelle gedient haben, ist nicht nachzuweisen. Rössler[31] stellt fest: „Eine Bekanntschaft mit den damals so verbreiteten Quellen des deutschen Rechts ist umso weniger zu bezweifeln, da an einigen Stellen die Grundsätze des deutschen Rechts aus dem Sachsenspiegel vorgetragen sind, ja Übersetzungen nicht fehlen.“ Daß auch Stellen des Magdeburger Weichbildrechtes[32] in den Stadtrechten aufgeführt sind, ergibt sich schon aus der ursprünglichen Belehnung verschiedener Städte mit diesem Recht.

Das slawische Landrecht und das deutsche Stadtrecht

Auf den ersten Znaimer Fürsten, Konrad I. (1054 – 1091), gehen die Konradinschen Statuten[33] zurück, in denen die Grundzüge des älteren slawischen Landrechtes im Jahre 1084 aufge-

zeichnet sind. Bestätigt wurden diese Statuten von König Przemysl Ottokar I. für die Znaimer Provinz im Jahre 1222 und für die Brünner Provinz 1227.
Die Grundlage der böhmisch/mährischen Gerichtsordnung war die Zupenverfassung, d. h. die Einteilung des gesamten Gebietes in Zupen (Gaue), deren Gerichte ursprünglich für sämtliche Bewohner Recht gesprochen haben. Durch die Erteilung von Freiheiten von diesem allgemeinen Landrecht für die Klöster, Städte und Dörfer und durch die wachsende Bedeutung des deutschen Rechtes ging die ursprüngliche Bedeutung der Zupen-Verfassung und deren Gerichte ständig zurück. Tomaschek[34)] sieht in der Verbreitung des deutschen Rechtes eine entscheidende Verbesserung für die Rechtspflege. Er stellt dazu fest: „Das deutsche Recht führte im dreizehnten Jahrhundert eine gänzliche Umgestaltung herbei. An Stelle einzelner landesfürstlicher Strafbestimmungen trat ein regelmäßig gegliedertes Strafsystem. Die Trostlosigkeit und die schwankende Regellosigkeit des alten Beweisverfahrens, in dem die Gottesurteile die größte Rolle spielten, der Nachbarbeweis zu einer lästigen Plage der untertänigen Volksklasse wurde, Willkür und Erpressungen der Zupenbeamten ein freies Spiel hatten, machten einer von festen Grundsätzen getragenen, auf den Hilfs- und Zeugenbeweis gestützten Rechtspflege Platz, wo der Beklagte gegen jede Willkür geschützt war, und der Reinigung und Überführung ihre bestimmten Grenzen angewiesen waren."
In der Gegenüberstellung zum slawischen Landrecht sieht Tomaschek entscheidende Vorteile des deutschen Rechtes auch für die slawischen Dörfer und Städte. Tomaschek[35)] erkennt einen schroffen Gegensatz des slawischen Landrechtes zum deutsch/städtischen Weichbildrecht und führt aus: „Beide verfolgen abgesondert und durch einander unbeirrt ihren eigenen Gang. Doch verbreitete sich das deutsche Recht von seinem Mittelpunkt, den Städten im Lande mehr und mehr. Nicht nur die Dörfer der nächsten Umgebung, die von deutschen Bürgern nach deutschem Recht ausgesetzt wurden, richteten sich nach ihm, auch die slawischen Dorfanlagen suchten sich allmählich die Wohltaten der deutschen Rechtspflege zuzuwenden."

3. Znaim vor der Stadterhebung im Jahre 1226

Die Stadterhebung und die Entwicklung eines eigenen Stadtrechtes im Mittelalter war abhängig von der wirtschaftlichen und politischen Bedeutung dieses Ortes im weiteren Umfeld. Für die Bedeutung Znaims vor der als Stadterhebung ausgewiesenen Jahreszahl von 1226 durch den böhmischen König Przemysl Ottokar I. gibt es nur spärliche Nachrichten, die einen Rückschluß auf die Rechtsgewohnheiten in diesem Ort nur eingeschränkt zulassen. Die wiederholten Kriegszüge, die über Znaim hinweggegangen sind, haben deutliche Lücken für die Geschichtsforschung hinterlassen. Abgesehen von den Auseinandersetzungen im böhmisch/mährischen Raum um die Vormachtstellung der Herzöge und Könige, waren die Kriegszüge über das Gebiet von Znaim gegen Ungarn und Österreich – und umgekehrt die Kriegszüge aus diesen Ländern – mit großen Opfern für die Bewohner Znaims und seiner Umgebung verbunden. Dies trifft nicht nur für die Zeit vor 1226 zu. Auch noch lange nach 1226 führen Kriegszüge zu Verwüstungen ganzer Landstriche. Eine Urkunde aus dem Jahre 1247[1)] des Markgrafen von Mähren berichtet über die Zerstörungen des Landes durch den Einfall der Tataren im Jahre 1241: „nostre terre, que in magna parte per destructionem Tartarum est destructa" (unser Land, das zu einem großen Teil durch die Verwüstungen der Tataren zerstört ist).

Die erhalten gebliebenen Urkunden reichen aber aus, um die Frage nach der Bedeutung des Ortes Znaim und die Frage nach der Rechtsstellung seiner Bewohner mit größtmöglicher Annährung an die historische Wirklichkeit durch Verwertung eigener Quellen dieses Ortes und durch Verwertung von Quellen benachbarter Orte zu beantworten.

Die geopolitische Lage Znaims als wichtigster Berührungspunkt zwischen den Einflußbereichen der österreichischen Markgrafen bzw. Herzöge und der böhmischen Herzöge bzw. Könige sowie der Markgrafen von Mähren gibt dieser Stadt eine herausragende Stellung schon im elften Jahrhundert. Bis zur Eingliederung der Länder Böhmen und Mähren in das Reich der Habsburger war die Grenzstadt Znaim von besonderer strategischer Bedeutung. Mit der Eingliederung im Jahre 1526 verliert Znaim diese Sonderstellung und wird zu einer Provinzstadt wie viele andere.

1048 Erste urkundliche Erwähnung Znaims

Sucht man die Geschichte Znaims zurückzuverfolgen, dann findet sich die erste urkundliche Erwähnung eines Burggrafen Marquard und eines Truchseß Kuno von Znaim in einem Dokument des Jahres 1048, in dem Herzog Břetislaw (1034 - 1055) die Gründung des Klosters Raygard (Raigern) in Mähren bestätigt[2]. Schon kurze Zeit später führt eine Urkunde aus dem Jahre 1052 Znaim als Stadt auf [3]. Herzog Břetislaw legt in dieser Urkunde die Abgaben für ein weiteres Kloster fest. Unter anderem eine Abgabe auf alle Brücken, die über die Thaya führen. Die Bedeutung Znaims wird im Jahre 1054 durch die Aufteilung Mährens unter die Söhne des Herzogs Břetislaw I. unterstrichen[4]. Der jüngste Sohn Konrad erhält das Fürstentum Znaim. Weitere Fürstentümer sind Brünn und Olmütz. Der tschechische Historiker Cosmas (gest. 1215) berichtet über die Zuordnung Znaims zu Konrad [5]: „qui et ipse sciebat teutonicum linquam“ (welcher der deutschen Sprache mächtig war). Diese Aussage ist verständlich, da Konrad als Lieblingssohn von Judith, der ersten bayerischen Prinzessin auf dem böhmischen Herzogsthron, genannt wird.
Im Jahre 1055 bestätigt ein Tacco als Präfekt von Znaim eine Gründungsurkunde für ein Olmützer Kloster durch Fürst Wladislaw von Olmütz[6]. Der gleiche Fürst gründet 1086 ein weiteres Kloster. Znaim erscheint auch in dieser Urkunde[7]. Burggraf Soben von Znaim überträgt 1086 ein Landgut an die Kirche St. Peter in Brünn[8].

1100 Fürstenhochzeit in Znaim

Am 18. Oktober 1100 steht Znaim im Mittelpunkt der Festlichkeiten zur Hochzeit von Bořiwoy, um diese Zeit noch der Bruder des böhmischen Herzogs Břetislaw II. (1092 - 1100). Im folgenden Jahr wird Bořiwoy II. (1101 - 1107) selbst Herzog von Böhmen. Vermählt wird Bořiwoy mit Gerberga (Hilbirg), der Schwester des Markgrafen Leopold III. von Österreich (1095 - 1136). Cosmas berichtet über diese Feierlichkeiten: „Bořiwoy in urbe Znogem faciens permagnificum convinium“ (Bořiwoy veranstaltete in der Stadt Znaim ein großartiges Festmahl)[9].
Daß die Eheschließung hier vollzogen wurde, weist auf die Bedeutung hin, die beide Seiten - die österreichischen Markgrafen und die böhmischen Herzöge - Znaim beigemessen haben.

1146/1176 Kämpfe um und in Znaim

Um 1146 führen Auseinandersetzungen um die Erbfolge in Böhmen zu einem erbitterten Krieg zwischen dem Znaimer Fürsten Konrad II. (1123 - 1161) und dem böhmischen Herzog und späteren König Wladislaw II. (1140 - 1173). Konrad hatte offensichtlich in dieser Auseinandersetzung um den böhmischen Thron seine Möglichkeiten weit überschätzt. Die Last des Krieges mußte Znaim tragen, denn hier trafen die beiden Parteien aufeinander. Überliefert ist, daß nach langer Belagerung Znaim von den Truppen Wladislaws erobert wurde. Dabei sollen 300 Einwohner bei den Kämpfen umgekommen und 1 500 Männer als Sklaven von Znaim nach Böhmen verschleppt worden sein[10]. Der wochenlange Widerstand der Znaimer Bürger war wohl nur im Schutz einer starken Stadtmauer möglich und die Zahl der Opfer dieses Krieges in Znaim, sofern sie den historischen Tatsachen entsprechen, unterstreichen die Bedeutung Znaims vor der Zerstörung durch die Truppen Wladislaws. Bretholz[11] sieht den Ausgang dieses Krieges für die Stadt anders. Er schreibt, daß Wladislaw nach der Eroberung der Burg und der Stadt die Bewohner geschont habe und sie mit Habe abziehen ließ. Kaum dreißig Jahre konnte sich Znaim von den Auswirkungen des Krieges und von dem Blutverlust erholen. 1176 wurde die Entwicklung der Stadt durch einen Streit mit den Nachbarn im Süden beeinflußt. Der böhmische Herzog Sobieslaw II. (1173 - 1178) meldete beim österreichischen Herzog Heinrich II. Jasomirgott (1141 - 1177) Ansprüche auf Waldbesitz an der niederösterreichischen Grenze an und fiel im gleichen Jahr mit Unterstützung des Znaimer Fürsten Konrad (III.) Otto (1174 - 1191) in Niederösterreich mit Feuer und Schwert ein. Weite Landstriche wurden verwüstet. Die Vergeltung durch Heinrich II. Jasomirgott war für Znaim besonders schwer. Die Stadt wurde ein erneutes Mal weitgehend vernichtet[12].

Um 1200 Hartlieb von Znaim, Heilwidis von Znaim

Welche Bedeutung die in mehreren Urkunden der Jahre 1195 bis 1245 genannten Adeligen – Hartlieb von Znaim und Heilwidis von Znaim – für die Entwicklung der Stadt Znaim hatten, ist anhand des Quellenmaterials nicht nachzuweisen. Hartlieb von Znaim war mit Heilwidis verwandt[13]. Im Jahre 1195 bestätigt er für die Provinz Znaim eine Schenkung des Herzogs Heinrich von Böhmen und gleichzeitigen Bischofs von Prag (1192 - 1197) zu Gunsten des Stiftes Klosterbruck bei Znaim[14]. 1222 schenkt König Przemysl Ottokar I. (1198 - 1230) und dessen Bruder Markgraf Wladislaw Heinrich von Mähren Hartlieb von Znaim den Ort

Naschetitz[15]. Im gleichen Jahr bestätigt Hartlieb eine Urkunde des böhmischen Königs als Znaimer Burgherr[16]. Im Jahre 1225 erscheint der Name Hartliebs in einer Urkunde[17] des Erzbischofs von Olmütz, in der die Gründerin des Zisterzienserinnen-Klosters Oslawan in Mähren – Heilwidis von Znaim – als „vornehme Dame“ (die Bezeichnung für eine Angehörige des Adels) genannt wird. Im gleichen Jahr bestätigt auch der böhmische König Przemysl Ottokar I. die Gründung des Klosters Oslawan durch die „nobilis matrona“ Heilwidis von Znaim. Hartlieb von Znaim erscheint in dieser Urkunde als „nobilis vir“[18].

Eine Urkunde[19] des böhmischen Königs aus dem Jahre 1228 über besondere Rechte des Klosters Oslawan wird von Hartlieb von Znaim als Kastellan von Znaim bestätigt. Schließlich findet sich noch ein Hinweis auf Hartlieb von Znaim in einer Urkunde des Bischofs Rüdiger von Passau, der dem Konvent des Klosters Zwettl „einen gewissen Zehend in dem an der Gränze Böhmens gelegenen Ort Weichartesdorf, welcher durch den Tod des Hartlieb von Znaim erledigt wurde“[20], überträgt. Nach dem „Stiftungenbuch des Zisterzienser-Klosters Zwetel“[21], handelt es sich bei Weichartesdorf um Klein-Weikersdorf im Bezirk Hollabrunn.

Heilwidis von Znaim wird wiederholt als die Gründerin des Klosters Oslawan ausgewiesen. Die erste Erwähnung findet sich in einer Bestätigung des Erzbischofs von Olmütz aus dem Jahre 1223 zu Gunsten des Stiftes Klosterbruck bei Znaim, die unter anderen von zwei Priestern der Heilwidis von Znaim gezeichnet ist[22]. Als Gründungsjahr des Klosters wird 1225 angegeben[23]. Heilwidis wird in einer Urkunde als Witwe bezeichnet. Ein Hinweis auf ihren Mann, der sicherlich auch eine Bedeutung für Znaim hatte, findet sich leider nicht. Es kann nur vermutet werden, daß es sich um Nachkommen eines bayerischen Adelsgeschlechtes handelt, die auf beiden Seiten der mährischen Grenze belehnt waren.

1225 Schulmeister Peter in Znaim

In einer Urkunde[24] des Jahres 1225 widmet der Bischof Heinrich von Prag mehrere Dörfer im Umkreis von Znaim dem Stift Klosterbruck. Diese Urkunde wurde neben einer Reihe von Adeligen Znaims durch den Schulmeister (magister scolarum) Peter von Znaim bestätigt. Die Erwähnung des Schulmeisters in dieser Urkunde unterstreicht die Funktion Peters in Znaim. Die Tatsache eines Schulmeisters in jener frühen Zeit bestätigt aber auch die Bedeutung des Ortes selbst.

Vor 1226 Stadtmauer und Stadttore in Znaim

Eine wesentliche Voraussetzung für die Anerkennung eines Ortes als Stadt war zu jener Zeit das Vorhandensein einer Stadtmauer. Bei der Verleihung des Lundenburger Stadtrechtes für Bisenz durch Markgraf Wladislaw Heinrich erhält Bisenz den Auftrag, eine Stadtmauer zu errichten[25]. Bei der Schilderung der Kämpfe des Jahres 1146 um Znaim (Seite 24) wurde bereits auf das Vorhandensein einer Stadtmauer verwiesen.
Über das Vorhandensein einer Stadtmauer und von Stadttoren in Znaim gibt eine Urkunde Aufschluß, die schon einige Monate vor dem Dokument entstanden ist, das als Stadtgründungsurkunde angesehen wird. Es handelt sich um eine Niederschrift[26] über die Verhandlung zwischen dem Stift Klosterbruck bei Znaim und dem Priester Adam von Znaim. Verhandlungsführer bei dieser Auseinandersetzung waren die Äbte der Stifte Geras und Altenburg aus Niederösterreich und der Priester von Hardegg. Aus der Urkunde geht hervor, daß Znaim zu jener Zeit bereits zwei Kirchen besaß – die St. Nikolaikirche und die St. Michaelskirche – und von einer Stadtmauer umgeben war. Zur Abgrenzung des Pfarrbezirks des Znaimer Priesters Adam heißt es: „ad portam orientalem, que ducit ad Zuchoherdel" (bis zum Osttor, das nach Zuckerhandel führt). Die getroffene Vereinbarung war offensichtlich von solcher Wichtigkeit, daß Papst Gregor IX. (1227 – 1241) im Jahre 1231 diese bestätigt hat[27].

1226 Wiederaufbau Znaims

Die Urkunde des böhmischen Königs Przemysl Ottokar I. aus dem Jahre 1226[28] – allgemein als Gründungsurkunde der Stadt angesehen – läßt Zweifel aufkommen, ob in diesem Jahr tatsächlich erst die Stadt Znaim gegründet wurde. In der Urkunde heißt es: „civitatem construere, in ipsamque homines convocare" (eine Stadt aufbauen, in welche wir Menschen zusammenrufen werden). Die Formulierung verweist ganz deutlich auf die Zerstörungen Znaims in den vergangenen Jahrzehnten, die durch einen Wiederaufbau beseitigt werden sollten. Besondere Bedeutung hat dabei auch der Hinweis auf das Herbeirufen von Menschen, welche diesen Wiederaufbau auch bewerkstelligen sollten. Daß dabei vor allem an deutsche Siedler gedacht war, ergibt sich aus den verschiedenen Urkunden, auf die bereits hingewiesen wurde.
Ein Versuch, die Bedeutung Znaims vor dem Jahre 1226 aufzuzeigen, führt zu dem Ergebnis, daß von Znaim mit großer Wahrscheinlichkeit schon vor dieser Zeit als Stadt gesprochen

werden kann. Dies kann gefolgert werden durch die Schaffung eines eigenen Fürstentums unter Konrad I., durch das Vorhandensein einer Stadtbefestigung mit Toren, durch die Existenz zweier Kirchen, einen eigenen Schulmeister und eigenen Richter. Offensichtlich befand sich in Znaim eine für diese Zeit sehr dichte Bevölkerung in diesem aufstrebenden Gemeinwesen.

Deutsches Recht und Deutsche Richter in Znaim vor 1226

Die Entwicklung Znaims zeigt schon lange vor dem Jahre 1226 die bedeutende Stellung der Stadt zwischen den aufstrebenden Machtzentren in Wien und Prag. Die vorhandenen Unterlagen geben auch Aufschluß über die rechtliche Stellung der Einwohner und über deren Richter.

Im Jahre 1202 weist eine Schenkungsurkunde des Ritters Rüdiger zugunsten des Stiftes Klosterbruck bei Znaim über den Zehent der Weingärten von Gnadlersdorf ausdrücklich auf das deutsche Recht hin, zu dem diese Schenkung vorgenommen wurde[29)]. Der Richter Heinrich von Znaim bestätigt neben anderen diese Schenkungsurkunde des Ritters Rüdiger. Aus dem gleichen Jahr stammt die Urkunde, mit der König Przemysl Ottokar I. das Kloster Welehrad bedenkt[30)]. In dieser Urkunde erscheinen die Namen des Richters Heinrich und des Dekans Walter aus Znaim.

Dem Richter Heinrich begegnen wir auch in der Urkunde[31)] des böhmischen Königs aus dem Jahre 1213. Der Richter Theoderich ist im Jahre 1222 in Znaim tätig[32)].

Rückschlüsse auf die Rechtslage der Bürger von Znaim ergeben sich nicht nur aus der Erwähnung der Znaimer Richter in alten Urkunden und der ausdrücklichen Bestätigung deutschen Rechtes bei der Schenkung zu Gunsten des Stiftes Klosterbruck. In dem Abschnitt 2 dieses Buches über das deutsche Recht in Böhmen und Mähren wurde bereits auf die Privilegien verwiesen, die den deutschen Bürgern in Prag, Brünn, Olmütz, Iglau und vielen anderen Städten deutsches Recht sicherten. Auch für die Orte in der Nachbarschaft zu Znaim sind die Freiheiten vom slawischen Landrecht zu Beginn des dreizehnten Jahrhunderts bestätigt. Deutsches Recht sollte vor allem die Städte an der Grenze Mährens zu Ungarn und Österreich stärken und den Zustrom deutscher Menschen sichern.

Solche Dokumente finden sich für Lundenburg, Nikolsburg, Bisenz und Göding.

Im Jahre 1214 erhebt der Markgraf von Mähren Wladislaw Heinrich den Marktflecken Bisenz auf der Grundlage des deutschen Stadtrechtes von Lundenburg zur Stadt. Rössler[33)] sieht in

der Förderung der Städte durch die Landesfürsten eine Vergrößerung der Macht und des Ansehens dieser Fürsten. Wichtig ist dieses Privileg für Bisenz durch den Hinweis auf das Lundenburger Recht, das wohl zu den ältesten deutschen Stadtrechten Mährens gehört.
Eine Bestätigung für das Vorhandensein eines deutschen Rechtes im Süden Mährens ergibt sich aus der Urkunde des Markgrafen von Mähren und späteren Königs Przemysl Ottokar II. von 1249[34)], mit der Heinrich von Liechtenstein das Dorf Nikolsburg übergeben wurde. Die Übergabe erfolgte „secundum jus et consuetudinem Theutonicam perpetuo possidendam" (nach deutschem Recht und deutschen Gewohnheiten zu ständigem Besitz)[35)].
Auch die bereits erwähnte Urkunde des Jahres 1226, die als die Stadterhebungsurkunde Znaims angesehen wird, gibt Hinweise auf die Rechtslage der Znaimer Bürger zu jener Zeit. Neben dem schon erwähnten Lehrer Peter und den Bogenschützen Heinrich und Ullrich erscheint als Zeuge in diesem Dokument der Richter Paul von Znaim[36)].
Schließlich ist auf die Urkunde der Königin Constanze[37)] (gest. 1240), der Gemahlin des böhmischen Königs, zu verweisen. Sie beruft im Jahre 1228 „viros honestos Theutonicos" (ehrenhafte deutsche Männer) nach Göding und gibt der Stadt deutsches Recht.
Der Rückblick auf die Entwicklung Znaims und auf die Rechtsgewohnheiten der Bürger dieser Stadt vor dem Jahre 1226, wie sie sich in den Urkunden jener Zeit widerspiegeln, macht die Bedeutung Znaims als wichtigen Berührungspunkt zu der an Einfluß gewinnenden österreichischen Macht im Süden deutlich.
Aufgrund der vorhandenen Quellen darf unterstellt werden, daß schon lange vor 1226 in Znaim nach deutschem Recht geurteilt wurde und deutsches Recht die Grundlage des Zusammenlebens seiner Bürger gebildet hat.

4. Das Znaimer Stadtrecht von 1523 – eine Entwicklung über drei Jahrhunderte

Schlägt man den Pergament-Codex des Jahres 1523 auf, dann stellt sich bei der Beurteilung der Rechtsdokumentation die Frage, ob der als Verfasser genannte Notar Stephan von Wischau aus seiner Erfahrung mit den Schöffensprüchen von Znaim dieses Werk geschaffen hat, ob er auf alte Rechtsüberlieferungen in Znaim zurückgreifen konnte oder ob er das gewachsene Recht anderer Städte in sein Werk übernommen hat.

Die in frühen Dokumenten überlieferten Aussagen zum Znaimer Stadtrecht verweisen auf weit zurückliegende Jahreszahlen und auf eine Vielzahl von Bestätigungen der Rechtsfreiheiten der Bürger dieser Stadt durch Könige und Markgrafen, welche die lange Tradition des Znaimer Stadtrechtes deutlich machen. Es gibt jedoch nicht nur Bestätigungen vorhandener Freiheiten und Rechte. Über die Jahrhunderte hinweg waren in Znaim mehrere Fassungen eines Stadtrechtes in Übung. Die Grundlage dieser verschiedenen Fassungen war jedoch offensichtlich das süddeutsche Stadtrecht, dessen Ausstrahlung von Wien, Brünn und Prag einen entscheidenden Einfluß auf das Znaimer Stadtrecht hatte. Leider stehen die verschiedenen Ausarbeitungen des Znaimer Stadtrechtes nicht mehr bzw. nur noch zum Teil zur Verfügung, so daß die Entwicklung des Stadtrechtes bis zu dem Werk des Stephan von Wischau nicht aufgezeigt werden kann. Besonders bedauerlich ist die Tatsache, daß eine Dokumentation des Stadtrechtes aus der ersten Hälfte des dreizehnten Jahrhunderts fehlt.

Die erste gesicherte Urkunde bezüglich eines Znaimer Stadtrechtes[1)] finden wir erst nach dem Sieg des deutschen Königs Rudolf I. von Habsburg (1273 – 1291) über den böhmischen König Przemysl Ottokar II. (1253 – 1278) in der Schlacht bei Dürnkrut im Jahre 1278, bei der Przemysl Ottokar den Tod fand. Rudolf I. war nach seinem Sieg über den Böhmen-König offensichtlich bestrebt, die Städte Böhmens und Mährens für sich zu gewinnen. Er bestätigte daher vorhandene Rechte beziehungsweise verbesserte deren Rechtslage. Rudolf bestätigt in diesem Jahr Znaim alle bestehenden Rechte und erteilt der Stadt das Recht der Stadt Wien.

Daß es schon vor 1278 ein deutsches Stadtrecht in Znaim gegeben hat, ergibt sich zwingend aus dem Vergleich mit der Stadt Brünn, mit der auch in den späteren Jahrzehnten auf dem Gebiet der Rechtspflege enge Kontakte bestanden. Das deutsche Stadtrecht von Brünn aus

dem Jahre 1243 ist ein wichtiges Dokument für die Rechtsentwicklung im böhmisch-mährischen Raum und eine Quelle für spätere Fassungen des Znaimer Stadtrechtes[2].
In der folgenden Übersicht werden die der Stadt Znaim von den verschiedenen Herrschern gewährten Freiheiten und Rechte bzw. deren Bestätigungen sowie die verschiedenen Fassungen vorhandener Stadtrechte in der historischen Abfolge bis zum Jahre 1523 dargestellt und erläutert. Von den einzelnen Fassungen der Znaimer Stadtrechte aus der Zeit vor 1523 stehen zum Teil nur Abschriften oder Auszüge zur Verfügung.

1278 Vor dieser Zeit ist keine Dokumentation eines Znaimer Stadtrechtes erhalten geblieben.

1278 Der deutsche König Rudolf I. von Habsburg überträgt nach seinem Sieg über Przemysl Ottokar II. der Stadt Znaim das **Stadtrecht von Wien**[3].

1292/ 1303 Der böhmische König Wenzel II. (1283 – 1305) erteilt Znaim eine mit Ausnahme der königlichen Kammer von allen Gerichtsbarkeiten eximinierte Jurisdiktion über ihre Bürger[4].

1307 Der böhmische König Heinrich von Kärnten (1307 – 1310) bestätigt der Stadt Znaim die alten Rechte und gewährt alle vergleichbaren **Rechte von Prag**, gestattet die freie jährliche Richterwahl und befreit die Stadt 6 Jahre von allen Abgaben wegen der im Kriege erlittenen Schäden[5].

1308 König Heinrich übergibt Herzog Friedrich III. von Österreich (1308 – 1330) die Stadt Znaim als Pfand „mit Burg und Stadt, mit dem Recht, wie es herkommen ist, mit Landgericht, wie ein Landrichter es innegehabt seit alter Gewohnheit, mit Stadtgericht“[6]. Die Erwähnung des Znaimer Stadtgerichtes, wie es „innegehabt seit alter Gewohnheit“, macht deutlich, daß das Stadtgericht eine lange Tradition hatte. Es gibt leider keine Aufzeichnungen, welcher böhmische König die Freiheiten zuerst ausgesprochen hat. Tomaschek[7] führt diese Freiheiten auf König Wenzel I. (1228 – 1253) zurück. In dem Stadtrechtsbuch des Stadtnotars Ortholf aus der ersten Hälfte des 14. Jahrhunderts ist die Hantveste (Privilegien) des Königs Wenzel II. (1283 – 1305) aufgeführt.
Zurückgestellt wurde die Stadt Znaim an den Markgrafen von Mähren erst im Jahre 1323.

1314 In Znaim entsteht ein neues deutsches **Stadtrecht**, das jedoch im Original nicht erhalten geblieben ist. Eine Abschrift dieses Stadtrechtes, die etwa um das Jahr 1750 entstanden ist, wurde in der Bibliothek der Hansestadt Lübeck entdeckt. Sie stammt aus

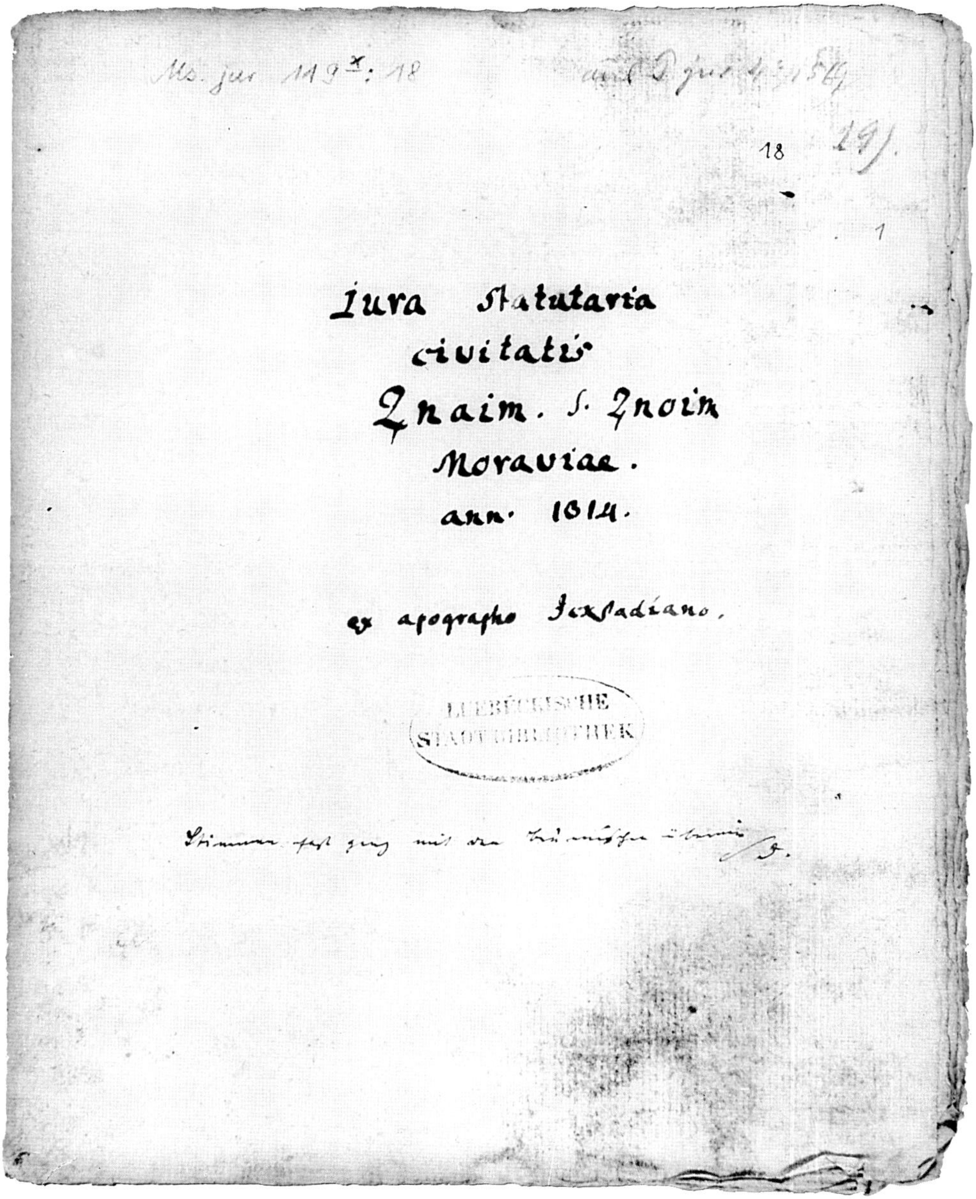

Abb. 1: Titelseite der Abschrift des Znaimer Stadtrechtes aus dem Jahre 1314

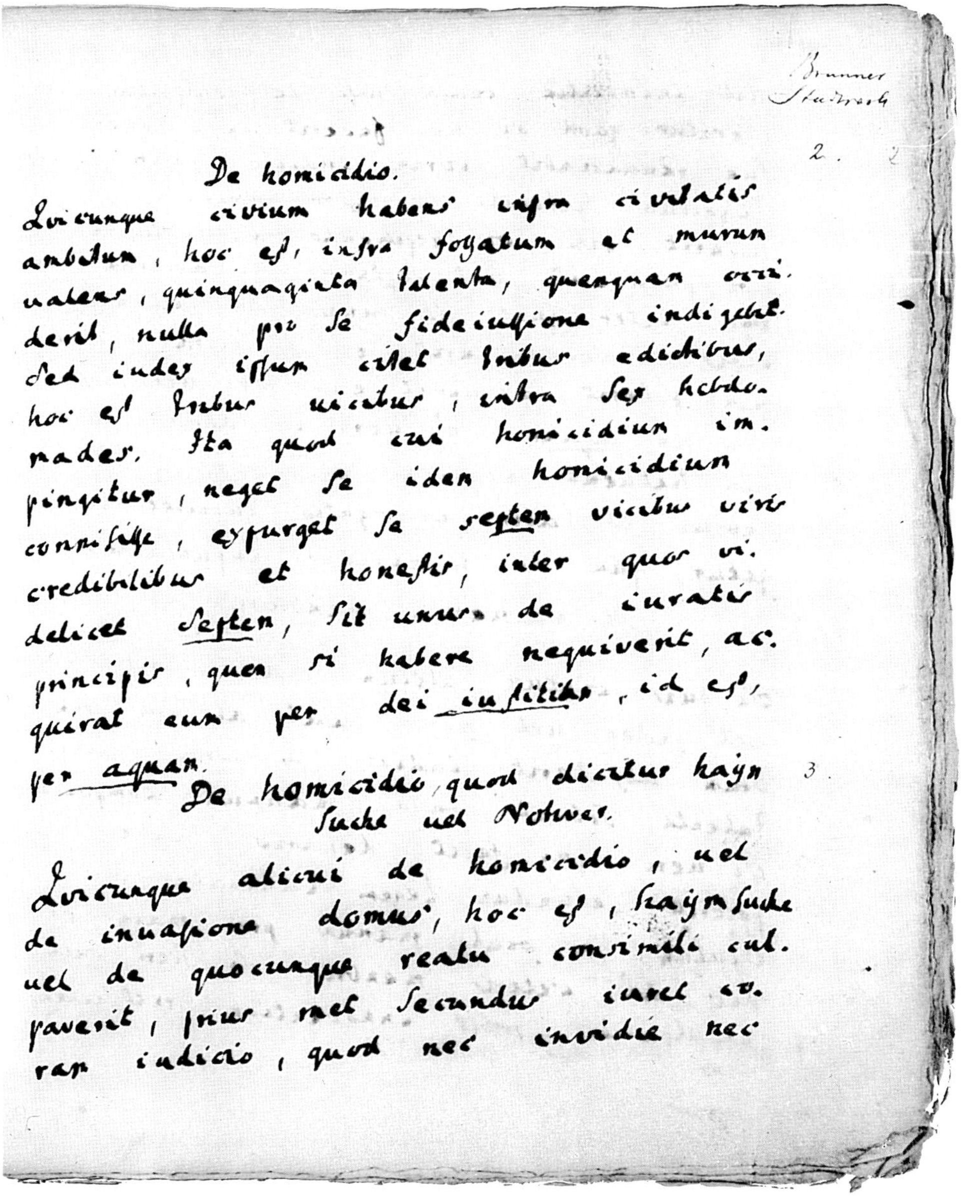

Brunner
Stadtrecht

2.

De homicidio.

Quicunque civium habens infra civitatis
ambitum, hoc est, infra fossatum et murum
valens, quinquaginta talenta, quemquam occi-
derit, nulla pro se fideiussione indigebit.
Sed iudex ipsum citet tribus edictibus,
hoc est tribus vicibus, intra sex hebdo-
madas. Ita quod cui homicidium im-
ponitur, neget se idem homicidium
commisisse, expurget se septem vicibus viris
credibilibus et honestis, inter quos vi-
delicet septem, sit unus de iuratis
principis, quem si habere nequiverit, ac-
quirat eum per dei iudicium, id est,
per aquam.

3. De homicidio, quod dicitur haynsuche vel Notwer.

Quicunque alicui de homicidio, vel
de invasione domus, hoc est, haynsuche
vel de quocunque reatu consimili cul-
paverit, prius vel secundus iuret co-
ram iudicio, quod nec invidie nec

Abb. 2: Textseite aus der Abschrift des Znaimer Stadtrechtes aus dem Jahre 1314

einer Sammlung des Rechtshistorikers Dreyer, der jedoch keine Nachrichten über den Fundort des Originals und über weitere Details zu dieser Abschrift hinterlassen hat. Die Abbildungen 1 und 2 (Seite 31 und 32) zeigen das Deckblatt und eine Seite aus dieser Abschrift.

Eine vergleichende Analyse dieses Znaimer Stadtrechtes mit dem Brünner Stadtrecht aus dem Jahre 1243 hat Rössler[8] vorgenommen. Er kommt dabei zu dem Ergebnis, daß „das Znaimer Recht zu dem Brünner Recht in demselben Verhältnisse (steht), wie letzteres zu dem Wiener Rechte; dieses kann aber unmittelbar nicht die Grundlage gewesen sein, weil die unterscheidenden Abweichungen und Eigenheiten des Brünner Stadtrechtes auch im Znaimer vorkommen."

1325 König Johann von Böhmen (1310 – 1346) bestätigt der Stadt Znaim die alten Rechte und erlaubt der Stadt die gleichen bürgerlichen Lasten auch auf die von Adeligen und Geistlichen besessenen Güter zu legen[9]. Diese Entscheidung des Königs bedeutete eine wesentliche Stärkung des Stadtrechtes.

1326 König Johann gewährt Znaim für Salz und Wein die gleichen Rechte, wie sie Brünn besaß. Damit konnte Wein von außerhalb nur noch mit einer besonderen Lizenz eingeführt werden[10].

1327 König Johann erteilt Znaim die **Rechte und Freiheiten der Stadt Prag**. Außerdem verleiht er der Stadt einen Jahrmarkt, um Znaim zu unterstützen. Bei einem Treffen des Königs mit den österreichischen Herzögen in Znaim war ein Feuer ausgebrochen und hatte einen großen Teil der Stadt zerstört[11].

1335 Markgraf Karl (1335 – 1346) – der spätere Kaiser Karl IV. – verpfändet Burg und Stadt Znaim an Herzog Otto von Österreich (1301 – 1339) für 10 000 Mark Silber, die er an Otto zu zahlen hat[12].

1336 König Johann ermächtigt den Abt des Stiftes Klosterbruck bei Znaim, den Znaimer Stadtrichter zu ernennen und von demselben einen jährlichen Zins zu beziehen[13].

1337 Der Znaimer Stadtrat und der Abt von Klosterbruck schließen einen Vertrag über das Recht, den Znaimer Stadtrichter zu ernennen[14].

1340/1350 Stadtnotar Ortholf erstellt ein deutsches **Stadtrecht** für Znaim. Abb. 3 (Seite 34) zeigt den Einband dieses Werkes. Die erste Seite der Handschrift (Abb. 4, Seite 35) nennt in der obersten Zeile den Stadtnotar Ortholf.

Das Stadtrecht beginnt mit dem Hinweis: *„hie hebent sich die hantvest der hochgeporn chunigen von Pehen . . ."* (Hier beginnt die Handschrift mit den Stadtrechten der hoch-

*Abb. 3:
Einband des
Znaimer Stadt-
rechtsbuches des
Notars Ortholf
aus der ersten
Hälfte des
14. Jahrhunderts*

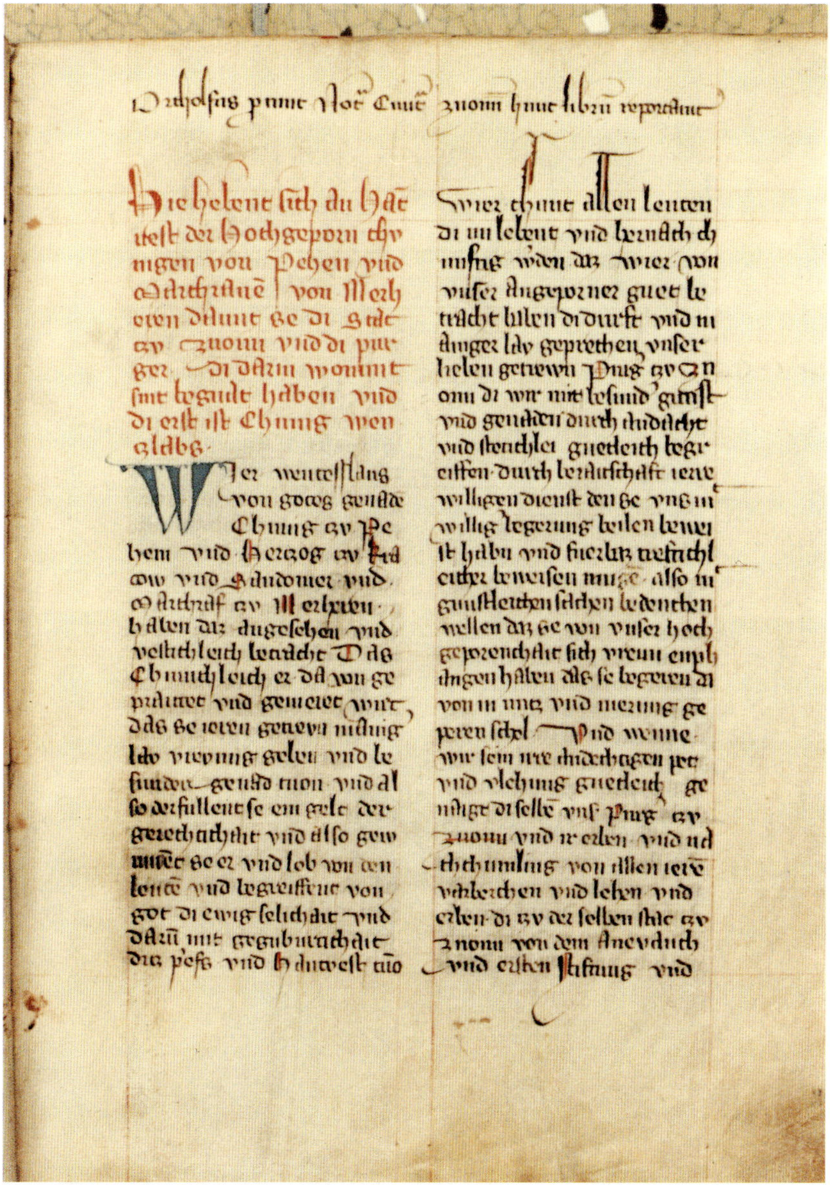

Abb. 4: Privileg des Königs Wenzel II., erteilt 1292, aus dem Stadtrechtsbuch des Notars Ortholf aus der ersten Hälfte des 14. Jahrhunderts

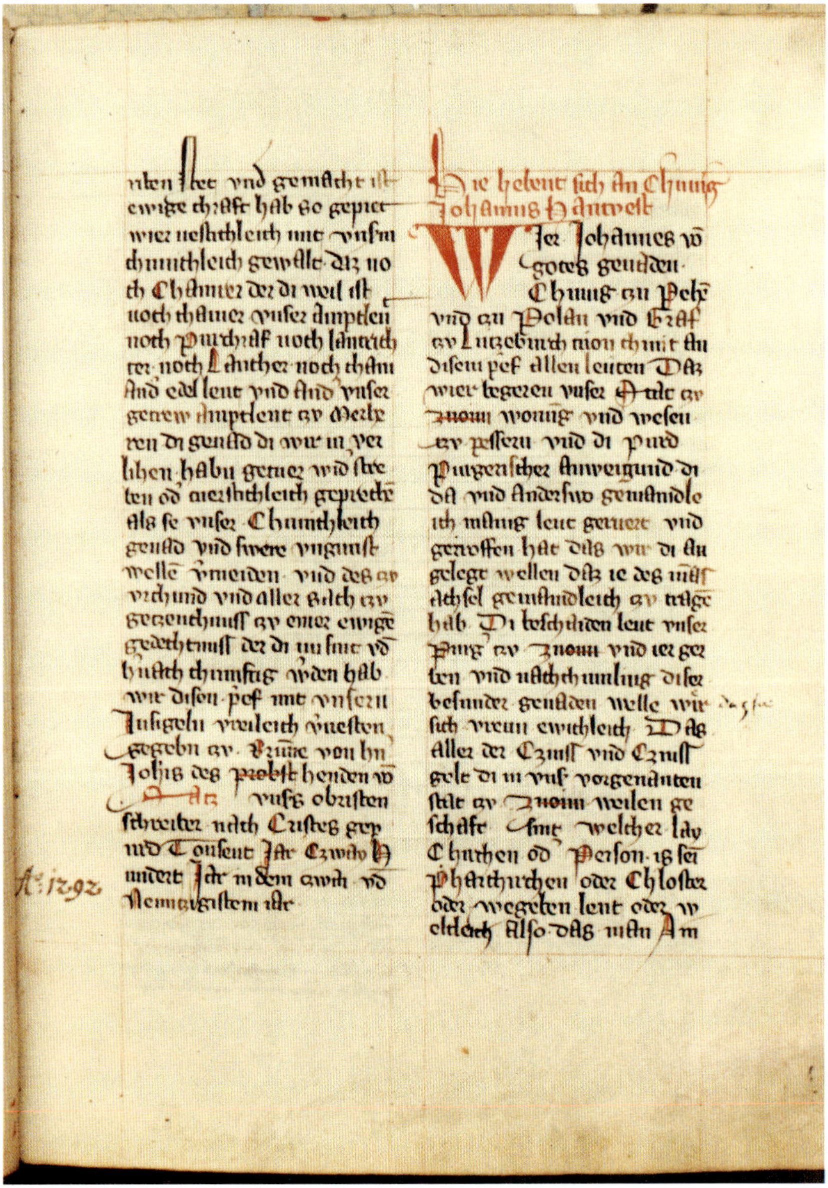

Abb. 5:
Privileg des Königs Johannes, erteilt 1325, aus dem Stadtrechtsbuch des Notars Ortholf aus der ersten Hälfte des 14. Jahrhunderts

geborenen Könige von Böhmen und Markgrafen von Mähren . . .). Aufgeführt wird zunächst die „hantveste" (Privileg), die König Wenzel II. (1283 - 1305) im Jahre 1292 der Stadt Znaim erteilt hat.

Folie 3 der Handschrift (Abb. 5, Seite 36) nennt die hantveste, die König Johann (1310 - 1346) im Jahre 1325 der Stadt bestätigt hat.

1341 Markgraf Karl gestattet Znaim die Abnahme der Maut an allen Orten von Lundenburg bis Jamnitz zur Ausbesserung der eingestürzten Stadtmauer[15)].

1348 Kaiser Karl IV. (1346 - 1378) bestätigt dem Stift Klosterbruck das Recht, den Znaimer Stadtrichter zu ernennen[16)].

1348 Kaiser Karl IV. bestätigt der Stadt Znaim alle Rechte und Privilegien und befreit alle Güter der Stadt von der Landessteuer[17)].

1350 Markgraf Johann Heinrich II. von Mähren (1346 - 1375) bestätigt Znaim alle von früheren Landesfürsten erteilten Freiheiten[18)].

1351 Markgraf Johann Heinrich II. von Mähren verleiht den neuen Ansiedlern, die sich in der von der Pest entvölkerten Stadt Znaim niederlassen wollen, Steuerfreiheit auf vier Jahre[19)]. Heimgesucht und entvölkert waren in den Jahren 1448 - 1450 vor allem die Städte Brünn und Znaim[20)].

1363 Vrbka[21)] berichtet in seiner Abhandlung über das Municipalrecht der Stadt Znaim 1523 über ein „erhaltenes Stadtbuch" aus dieser Zeit. Tatsächlich handelt es sich um ein sogenanntes „Losungsbuch". Die im Mittelalter geführten Losungsbücher waren - wie im Abschnitt über das deutsche Stadtrecht ausgeführt - ebenso Teil der Stadtbücher wie die Stadtrechtsbücher. Sie dienten der Registrierung von Grundstücken, Häusern und deren Eigentümer.

Das Znaimer Losungsbuch enthält neben den Eintragungen im vorerwähnten Sinne auch eine Miniatur als ältestes künstlerisches Zeugnis in den Unterlagen der Stadt. Besonders auffallend ist in dieser Christus-Darstellung (Abb. 6, Seite 38) die realitätsbezogene Haltung des gequälten Körpers und der reiche Faltenwurf des Lendentuches.

1378 Markgraf Jodok von Mähren (1375 - 1411) bestätigt der Stadt Znaim alle früheren Privilegien und Rechte[22)].

1405 Markgraf Jodok stellt Znaim sechs Jahre von allen Abgaben wegen der schweren Schäden durch Krieg und Brand frei[23)].

Abb. 6: Christusdarstellung aus dem Losungsbuch der Stadt Znaim, entstanden in der zweiten Hälfte des 14. Jahrhunderts

1411 König Wenzel IV. (1378 – 1419) erteilt Znaim das Recht, daß das Gut jener Bürger, welche durch Rechtsspruch ihr Leben verlieren, mit Ausnahme der Majestätsverbrechen, ihren Erben und nicht dem königlichen Fiskus anheimfallen sollte[24)].

1413 König Wenzel bestätigt der Stadt alle wohlerworbenen Rechte[25)].

1414 Markgraf Wladislaw (1411 – 1435) erteilt eine Generalbestätigung aller königlichen Privilegien[26)].

1421 Kaiser Sigismund (1419 – 1437) bestätigt die Grechtsame der Stadt Znaim und befreit sie von jeder fremden Gerichtsbarkeit[27)].

1426 Herzog Albrecht V. von Österreich (1404 – 1439) kommt 1423 in den Besitz der Stadt und erteilt Znaim eine Generalbestätigung aller ihrer Privilegien[28)].

1437 Der deutsche und böhmische König Albrecht II. (1437 – 1439) – als Albrecht V. Herzog von Österreich – gibt der Stadt ein von dem Notar Rudolfus Brand geschriebenes **Stadtrecht** und eine Schankordnung[29)]. Im Archiv der Stadt Znaim ist dieses Stadtrecht nicht mehr vorhanden.

1453 Der böhmische König Ladislaus (1453 – 1457) bestätigt der Stadt alle Privilegien[30)].

1462 Georg von Podiebrad bestätigt als böhmischer König (1458 – 1471) die städtischen Privilegien[31)].

1474 Die Stadt führt Beschwerde, daß sie kein deutsches Stadtrecht mehr habe, sondern nur ein von den Königen und Markgrafen erteiltes[32)].

1475 Johann, Bischof von Mähren und zugleich Abt des Stiftes Klosterbruck bei Znaim, beglaubigt einen Auszug aus dem Znaimer Stadtrechtsbuch, wonach die Bürger von Znaim nur wenn sie sich eines Mannes Erbe unrecht überwinden (aneignen) oder die Grenzmarken verrücken, sonst aber nie vor das Landrecht geladen werden können[33)]. Im Archiv der Stadt Znaim ist dieses Dokument nicht mehr vorhanden.

1481 Der böhmische König Matthias Corvinus (1469 – 1490) bestätigt alle älteren Privilegien der Stadt[34)].

1493 König Wladislaw IV. von Böhmen und Ungarn (1471 – 1516) legt die Kompetenz der Stadtgerichte in Böhmen und Mähren fest[35)].

1493 Notar Stephan (Stephan von Wischau, der Verfasser des Stadtrechtsbuches von 1523) werden die „leges Meydeburgenses“ (die Magdeburger Rechte) übergeben[36)]. Im Archiv der Stadt Znaim ist dieses Dokument nicht mehr vorhanden.

1497 Der Marktgraf von Mähren erteilt eine „General-Confirmation“ aller Vorrechte der Stadt Znaim[37)].

1523 König Ludwig II. von Böhmen und Ungarn (1516 – 1526) bestätigt die alten Rechte der Stadt und das Znaimer **Stadtrecht** des Jahres 1523[38].

Die Entwicklungsgeschichte des Znaimer Stadtrechtes bis zum Jahre 1523 gibt nicht nur Aufschluß über die Bedeutung dieser Stadt, die in den stets wiederkehrenden Bestätigungen ihrer alten Rechte durch die Könige und Markgrafen ihren Ausdruck gefunden hat.
Auch wenn ein Stadtrecht selbst und Urkunden über ein solches Stadtrecht vor dem Jahre 1278 fehlen, darf bei der geografischen Lage der Stadt und bei dem großen Interesse der böhmisch/mährischen Herrscher für Znaim die Existenz eines solchen Privilegs schon lange vor diesem Zeitpunkt unterstellt werden.
Die von König Rudolf von Habsburg im Jahre 1278 gewährten Freiheiten der Stadt Wien für Znaim bestätigten die Vermutung, daß früher vorhandene Privilegien in Znaim untergegangen sind. Nur so ist es auch verständlich, daß kurz nach 1278 – in den Jahren 1314 und 1340 – zwei Znaimer Stadtrechte entstanden sind, von denen leider nur das zweite Stadtrecht von dem Stadtnotar Ortholf im Original erhalten geblieben ist.
Daß die Pergamenthandschrift aus dem Jahre 1523, in der das Znaimer Stadtrecht in so ausgezeichneter Weise dokumentiert wurde, unbeschädigt die späteren Zeitläufe überstanden hat, kann nicht hoch genug bewertet werden. Denn auch in der Folgezeit haben Kriege, Plünderungen und Notzeiten das Land und die Stadt heimgesucht.

5. Eine zeitgeschichtliche Betrachtung zur Entstehung des Stadtrechtsbuches von 1523

Die Entstehung der Pergamenthandschrift fällt in eine Zeit, in der sich die Rechtsstellung der städtischen Bevölkerung und der Landbevölkerung Böhmens und Mährens in einem entscheidenden Umbruch befindet. Die Einführung des Deutschen Rechtes als Ausnahmeregelung vom slawischen Landrecht im 12. und 13. Jahrhundert bewirkte ein rasches Aufblühen der mit diesem Recht ausgestatteten Städte und Dörfer durch veränderte wirtschaftliche Bedingungen. Entscheidende Impulse kamen von der gewonnenen Freiheit zur Gestaltung der Wirtschaftsbeziehungen, von der Entwicklung des Handwerks und seiner Zünfte, von den dadurch geschaffenen erweiterten Handelsbeziehungen zu den wirtschaftlichen Zentren der damaligen Zeit und dem Zuzug siedlungs- und aufbauwilliger Menschen in ein immer wieder durch Kriegshandlungen schwer betroffenes Land.

Der Umbruch zur Zeit der Niederschrift des Znaimer Stadtrechtsbuches durch den Notar Stephan von Wischau ist nur zu verstehen, wenn man den Zeitraum von etwa einhundert Jahren vor der Entstehung der Handschrift zurückverfolgt. Es ist ein Zeitraum, der für Böhmen und Mähren und für die gesamte mitteleuropäische Geschichte von großer Bedeutung war.

Die Jahrzehnte vor der Abfassung des sowohl in rechtlicher als auch in kunstgeschichtlicher Beziehung so bedeutenden Codex waren für Böhmen und Mähren – und damit auch für den Raum um die Stadt Znaim – von einschneidenden Ereignissen geprägt. National-religiöse Auseinandersetzungen, die Kämpfe um die Erbfolge im Königreich Böhmen und in der Markgrafschaft Mähren und schließlich die Pest im Gefolge der Kriegswirren hinterließen tiefe Spuren.

Das entscheidende Ereignis mit den so nachhaltigen Folgen für die Entwicklung des Landes und seiner Städte ist das Auftreten von Johannes Hus und seine Verbrennung auf Grund des Beschlusses des Konzils zu Konstanz im Jahre 1415. Die Ausstrahlung dieses Ereignisses ging weit über die schon vor Hus durch Wicliff angeregten Reformbestrebungen innerhalb der katholischen Kirche hinaus. Diese Auswirkungen ergaben sich aus der Verbindung theologischer Überzeugung und nationaler Besinnung der Tschechen. Vorbote der nach dem Tod von Hus folgenden Ausschreitungen war bereits der Auszug der deutschen Professoren und

Studenten 1409 aus der Prager Universität und die Gründung einer neuen Hochschule in Leipzig. Als Rektor der Prager Universität trägt Hus an den wachsenden Spannungen zwischen den tschechischen und deutschen Professoren und Studenten einen wesentlichen Anteil. Kaiser Sigismund (1419 – 1437), dessen Schutzbrief für Johannes Hus das freie Geleit nach Konstanz verbürgte, glaubte bei diesem Konzil zu Konstanz nicht nur die gleichzeitige Herrschaft von drei Päpsten beenden zu können. Er sah in dem Auftreten des Johannes Hus eine große Gefahr für den Fortbestand der Kirche und wollte die Verurteilung des „Ketzers". Für die Stadt Znaim besteht zu dem deutschen Kaiser Sigismund nicht nur eine unmittelbare Beziehung aus den Leiden, die sich für die Bevölkerung aus den folgenden Hussitenkriegen ergaben. 22 Jahre nach der Verbrennung von Hus in Konstanz weilte Sigismund in Znaim und starb dort 1437. Vor seinem Tod versammelte er noch in Znaim die Großen des Reiches und empfahl seinen Schwiegersohn – Albrecht V. von Österreich – als seinen Nachfolger im Reich. Die Hussitenkriege im Gefolge des unseligen Urteils von Konstanz brachten Mord, Plünderungen und Verwüstungen nicht nur nach Böhmen und Mähren. Die Züge der Hussiten führten nach Österreich, Ungarn und das übrige Reichsgebiet. Kreuzzugsheere wurden im Reich gegen die Hussiten aufgeboten und flohen beim Erscheinen der hussitischen Kriegshaufen. Die Verwüstungen in den Ländern waren unbeschreiblich.

Zwar wurde in den Hussitenkriegen die deutsche Bevölkerung Mährens nicht so systematisch verfolgt und dezimiert wie in Böhmen. 1423 standen die Hussiten jedoch auch vor Znaim und – da sie die Stadt nicht einnehmen konnten – verwüsteten sie das Stift Klosterbruck bei Znaim und Dörfer im weiteren Umkreis bis tief nach Niederösterreich.

Im gleichen Jahr 1423 kam Znaim in den Besitz Herzog Albrechts V. von Österreich, den schon erwähnten Schwiegersohn des Kaisers Sigismund. Entsprechend der Empfehlung des Kaisers am Sterbebett wurde Albrecht V. 1437 als Albrecht II. von den Kurfürsten zum deutschen König gewählt. Albrecht II. war auch König von Böhmen. Nur kurz war seine Regentschaft. Schon 1439 starb Albrecht aufgrund einer Erkrankung, die er sich in einem Kriegszug gegen die Türken zugezogen hatte.

Die folgenden Jahrzehnte beherrschten die Auseinandersetzungen um die Erbfolge im Königreich Böhmen. Kriegszüge mit den schlimmen Begleiterscheinungen für die Menschen verunsicherten den Großraum Böhmen, Mähren, Österreich und Ungarn. Der nachgeborene Sohn Albrechts – Ladislaus posthumus – starb bereits mit 17 Jahren, wahrscheinlich aufgrund einer Vergiftung auf Veranlassung von Georg von Podiebrad. Der ehrgeizige böhmische Adelige hatte es vom Tode Albrechts bis zur Machtübernahme durch Ladislaus geschickt

verstanden, einen eigenen Anhang aufzubauen und seine großen Pläne systematisch zu verfolgen. Nach dem Tod des jungen Herrschers kann sich Podiebrad nach Überwindung großer Schwierigkeiten durchsetzen und wird 1458 zum böhmischen König gekrönt. Eine wesentliche Rolle dabei spielt die Unterstützung des Papstes, dem er vor seiner Krönung versprochen hatte, das böhmische Volk wieder zur katholischen Kirche zurückzuführen. Kaum zum böhmischen König gewählt, versucht Podiebrad auch noch die deutsche Königskrone zu erringen. Er scheiterte schließlich, da er das gegebene Versprechen gegenüber dem Papst nicht einlösen kann. So wirkt über Jahrzehnte der Tod des Johannes Hus am Scheiterhaufen in Böhmen und Mähren nach und verändert nicht nur die Machtverhältnisse in diesen beiden Ländern. Viel nachhaltiger sind diese Auswirkungen für die Bewohner selbst, deren Lebensbedingungen sich grundlegend verschlechterten.
Die schwierige Lage, in der sich Georg von Podiebrad auch im eigenen Land befand, kennzeichnet ein Brief, den dieser im Jahre 1463 an die Znaimer Bürger schrieb und diese dringend ermahnt, treu zur böhmischen Krone zu stehen[1)].
Von Papst Paul II. (1464 – 1471) wurde Podiebrad im Jahre 1466 in Acht und Bann getan, um diesen wegen der Nichterfüllung der gegebenen Versprechen zu strafen. Kein deutscher Kurfürst fand sich bereit, aufgrund der Verbannung gegen Böhmen zu ziehen. Nur in dem ungarischen König Matthias Corvinus fand der Papst schließlich die benötigte Hilfe. Mit Unterstützung des „Grünberger Herrenbundes" – ein Zusammenschluß böhmischer Adeliger – konnte Matthias Corvinus den böhmischen König schließlich stürzen. 1468 rückt Matthias in Znaim ein, und wieder sind es die Heerscharen der beiden Könige, die Leid und Elend in das Land um Znaim brachten.
Auch der Tod Podiebrads im Jahre 1471 brachte nicht den lang ersehnten Frieden, denn drei Bewerber um die Krone des Landes meldeten ihre Ansprüche an. Die Oberhand behielt schließlich das polnische Herrschergeschlecht der Jagellonen, das mit Wladislaw IV. (1471 – 1516) zwar die böhmische Krone gewinnen konnte, aber Mähren dem ungarischen König Matthias in einem Vergleich des Jahres 1478 überlassen mußte. Erst nach dem Tod von Matthias folgte Wladislaw in den übrigen Herrschergebieten des ungarischen Königs, also auch in Mähren.
Zum Leidwesen der böhmischen Länder legte Wladislaw nach dem Tode von Matthias den Schwerpunkt seiner Regentschaft nach Ungarn und überließ die durch die Vorgänge der letzten Jahrzehnte so schwierig gewordene Situation in Böhmen und Mähren dem Adel des Landes. Daß dieser damit seine Stellung ausbaute und sowohl das Recht der freien Städte als

auch das Recht des Bauernstandes beschnitt, war eine zwangsläufige Folge der Herrschaft eines gutmütigen aber schwachen Monarchen. Erst mit 46 Jahren heiratete Wladislaw. Der Ehe mit einer Verwandten des französischen Königs entsprangen zwei Kinder, Anna und Ludwig. Ludwig, 1506 geboren, wurde bereits mit drei Jahren zum König von Ungarn und zum König von Böhmen gekrönt. Beim Tod des Vaters am 13. März 1516 war Ludwig erst 10 Jahre alt und mußte die Herrschaft antreten.

Schon mit neun Jahren, also noch zu Lebzeiten von Wladislaw, wurde Ludwig vom deutschen Kaiser Maximilian (1493 – 1519) an Kindes statt angenommen und sollte nach dessen Willen sein Nachfolger auf dem deutschen Kaiserthron werden. Doch bei der Wahl im Jahre 1519 entschieden sich die deutschen Kurfürsten für den spanischen König, der als Karl V. (1519 – 1556) den Thron bestieg.

Für das Znaimer Stadtrechtsbuch des Jahres 1523 schließt sich mit König Ludwig der Kreis der Vorgeschichte. Auf Seite 69 zeigt die Handschrift den jugendlichen König Ludwig mit den Insignien seiner Macht, mit den Fahnen von Böhmen und Polen und den Wappen seiner Länder. Ludwig war zu diesem Zeitpunkt 17 Jahre.

Nur drei Jahre nach Fertigstellung des Znaimer Stadtrechtsbuches, am 29.8.1526, stirbt Ludwig auf der Flucht vor den Türken nach der verlorenen Schlacht bei Mohatsch. Mit Ludwig endet die Herrschaft des polnischen Geschlechtes der Jagellonen auf dem böhmischen Königsthron. Von nun an bestimmen die Habsburger das Schicksal Böhmens und Mährens bis zum Untergang des Habsburger Reiches 1918. Mit der Eingliederung in das Habsburger Reich verliert aber auch Znaim als wichtige Grenzstadt und Schnittpunkt zweier Machtsphären an Bedeutung.

Der Umbruch, der sich in den hundert Jahren vor der Entstehung des Znaimer Stadtrechtsbuches für die Menschen in Böhmen und Mähren vollzogen hat und auf den zu Beginn dieses Abschnittes hingewiesen wurde, ergibt sich aus der veränderten Rechtsstellung der Städte und Dörfer. Noch einmal wird in Znaim zu Beginn des sechzehnten Jahrhunderts mit sehr viel Fleiß und großem Können eine Kodifizierung des deutschen Stadtrechtes vorgenommen, um der Zurückdrängung des städtischen Anspruches auf eine eigene Rolle im Staat neben Adel und Geistlichkeit mit der Berufung auf alte Freiheiten entgegenzutreten.

Deutlich zeigen sich die eingetretenen Veränderungen in der Zahl der „königlichen Städte“ in Mähren. Tomaschek[2)] sieht in dieser Entwicklung einen entscheidenden Beweis für die veränderten Lebensbedingungen der Bevölkerung. Die königlichen Städte hatten zum Unterschied zu den „Herrenstädten“ verbriefte königliche Privilegien und konnten lange Zeit die

einst eingeräumten Freiheiten gegen die anderen Stände durchsetzen. Im Testament des Markgrafen Johann vom 19. März 1371 werden 30 königliche Städte aufgeführt: neben Znaim die Städte Lundenburg, Auspitz, Pohrlitz und Zlabings in Südmähren.
Nur kanpp 40 Jahre später – 1410 – bestimmt Markgraf Jodok die Taxen, die die königlichen Städte Mährens dem Landesunterkämmerer für die Ratserneuerung abzuführen haben[3]. Aufgeführt sind nur noch 9 königliche Städte.
Wieder 30 Jahre später, bei der Unterzeichnung des Landfriedens im Jahre 1440, gibt es nur noch 6 freie königliche Städte in Mähren. Tomaschek macht für diese Entwicklung die Machtausweitung des Adels verantwortlich und bemerkt, daß nur die königlichen Städte „sich im Genusse der ihnen durch ihre alten Privilegien gewährten Autonomie erhielten, bei den übrigen hing es faktisch von dem guten Willen ihrer Grundherren ab, welches Maß von Rechten sie ihnen zugestehen wollten“[4].
Das Zurückdrängen des städtischen Eigenlebens kommt nicht nur in der Verringerung der Zahl der königlichen Städte zum Ausdruck, unter denen Znaim immer noch eine wichtige Rolle spielte. Auch in den königlichen Städten selbst werden der Eigenständigkeit zunehmend Schranken gesetzt.
Damit aber verliert im weiteren Verlauf ein wichtiger Teil jener Ordnung an Bedeutung, der einen entscheidenden Anteil an der Gesamtentwicklung des Landes hatte. Die Stadtentwicklung mit der eigenständigen Rechtsordnung und – parallel hierzu – die Entwicklung des Handwerks in diesen Städten haben sich gegenseitig ergänzt und die Grundlage einer gesunden wirtschaftlichen Fortentwicklung garantiert.
Das in jener Zeit entstandene Selbstbewußtsein des städtischen Bürgers, das in dem Ausspruch „Stadtluft macht frei“ seinen Ausdruck gefunden hat, hatte als Grundlagen die eigenständige Rechtsfindung und Rechtspflege, die selbst entwickelte Handwerksordnung und die Freizügigkeit der Berufsausübung.

6. Richter, Bürgermeister, Schöffen und Stadtrat in Znaim

Die mit deutschem Recht ausgestatteten Städte Böhmens und Mährens waren in der Rechtsfindung unabhängig von dem slawischen Landrecht. Diese Befreiung von dem slawischen Landrecht wurde auch den Klöstern gewährt, deren Förderung ein besonderes Anliegen der Könige, Herzöge und Markgrafen im böhmisch-mährischen Raum war.
Für die Bürger von Znaim waren der Stadtrichter (judex) und die gewählten Schöffen (schöppen, schepfen, juratis, consulis) zuständig. Die oberste Instanz im deutschen Stadtrecht war der Stadtrichter, der in allen Dokumenten stets an erster Stelle genannt wird. Erst nach dem Richter folgen der Bürgermeister und nach ihm die Schöffen.
Dem slawischen Landrecht unterstand die Znaimer Burg und die dem Landesherrn direkt unterstellten Gebiete außerhalb der deutschen Gerichtsordnung. In den Dörfern und Marktflecken gab es ebenfalls eigene Gerichte mit deutschem Recht. Eine besondere Bedeutung hatte das deutsche Recht von Urbau bei Znaim, das die Funktion eines Landgerichtes hatte und als Berufungsinstanz für einige Dörfer im Umkreis tätig war. Die Gerichtshoheit des Dorfes Urbau wird bereits in einer Urkunde des Markgrafen Ottokar von Mähren (1247 – 1253) im Jahre 1252 als „Wilchker" bezeichnet. Im Jahre 1604 wurden die „Rügungen von Urbau" in der eigenen Druckerei des Stiftes Klosterbruck gedruckt. Die Urbauer Rügung (Rechtssetzung) ist ein sehr wichtiges Dokument aus einer Zeit, in der die freien Bauern als Richter und Schöffen Recht gesprochen haben.
Aus Dokumenten der Stadt Znaim des 13. – 15. Jahrhunderts sind Namen erhalten, die den überwiegend deutschen Einfluß in der Stadt Znaim deutlich macht. Eine Übersicht über diese Namen macht aber auch deutlich, daß der Wechsel der Stadtrichter nicht immer nach einem Jahr erfolgt ist. Die Schreibweise der Eigennamen in den alten Dokumenten ist nicht besonders gewissenhaft und selbst in der gleichen Urkunde sind die Namen zum Teil unterschiedlich geschrieben. Namensvergleiche über mehrere Jahre sind daher sehr erschwert.
Die folgende Übersicht zeigt Richter und Bürgermeister der Stadt Znaim, soweit sie in diesem Zeitraum nachzuweisen sind.

Jahr	Richter	Bürgermeister
1202 [1]	Heinrich	
1213 [2]	Heinrich	
1222 [3]	Theoderich	
1226 [4]	Paul	
1234 [5]	Oztoy	
1285 [6]	Münzer	
1300 [7]	Hermann	
1307 [8]	Gotzlin	
1310 [9]	Friedrich	Hermann Biehanns
1318 [10]	Hermann	
1320 [11]	Petermann	Bursch
1324 [12]	Paul	Fridolin
1328 [13]	Niklas	Ditrich
1337 [14]	Nikolaus	
1337 [15]	Konrad Hasmund	Rudusch von Nachertitz
1339 [16]	Albert	Nikolaus Albus
1341 [17]	Nikolaus Hutreiter	Miksch
1356 [18]	Weicher	Dietrich von Thayax
1377 [19]	Fridolin Pok	Nikolaus von Kamnitz
1390 [20]	Fridolin Pok	Nikolaus von Hostraditz
1390 [21]	Fridolin Pok	Wenzel Kramer
1391 [22]	Fridolin Pok	Nikolaus von Hostraditz
1395 [23]	Fridolin Pok	Hans Raumenrak
1398 [24]		Heinrich Kürschner
1401 [25]	Michel Ploch	Heymann
1404 [26]	Michel dem Plachen	
1404 [27]	Weikart der Mäurer	Peter Plümel
1408 [28]		Haymann
1408 [29]		David von Jamnitz

Eine Urkunde aus dem Jahre 1334 [30] weist einen Judenrichter in Znaim mit dem Namen Stanislaus aus. Ein Judenrichter wird auch in einem Schöffenspruch (Abschnitt I, Folie 236) des Stadtrechtsbuches von 1523 erwähnt.

Mit der Bezeichnung „Landrichterio" (Landrichter) werden in den lateinischen Urkunden der Jahre 1272 und 1278 [31] die Namen Friedrich und Merboton ausgewiesen. Wie die deutsche Bezeichnung Burgrecht in die lateinischen Urkunden jener Zeit als „Purkrecht" eingegangen ist, weist auch die Bezeichnung des Landrichteramtes auf den starken deutschen Einfluß in der Rechtsentwicklung des böhmisch/mährischen Raumes hin.

Im slawischen Landrecht war die oberste Rechtsinstanz der sogenannte „Cude" (Czauder, Zudarius), der ursprünglich als Kreisrichter eingesetzt war. Für die Znaimer Provinz erscheinen Cuden in den Urkunden der Jahre 1268, 1272, 1278, 1323 und 1342. Die Cudenverfassung für die Markgrafschaft Mähren wurde in den späteren Jahren im Hinblick auf die Ausbreitung des deutschen Rechtes in der gesamten Markgrafschaft in den Städten Brünn und Olmütz vereinigt. In der Znaimer Provinz selbst werden in den späteren Jahren keine Cuden mehr geführt.

Für die herausgehobene Stellung des Stadtrichters und der Geschworenen im deutschen Stadtrecht – und daher auch im Recht der Stadt Znaim – gibt es Hinweise aus Urkunden der Jahre 1338 und 1400. Markgraf Karl – der spätere Kaiser Karl IV. – weist in der Urkunde des Jahres 1338 [32] die Znaimer Bürger auf ihre Pflicht zum Gehorsam gegenüber dem Richter und den Geschworenen „wie es einst üblich war" hin. Aus dem Text dieser Urkunde ergibt sich die Vermutung, daß die Znaimer Bürger eine Verschwörung gegen den Richter und die Schöffen unternommen hatten. Ob diese Verschwörung mit der Auseinandersetzung der Stadt und dem Abt des Stiftes Klosterbruck in Zusammenhang steht, der seit 1336 den Stadtrichter in Znaim einsetzen durfte, ist der Urkunde nicht zu entnehmen.

In der Urkunde des Markgrafen Prokop von Mähren aus dem Jahre 1400 [33] wird dem Bürgermeister und den Bürgern der Stadt Znaim befohlen, dem Richter und den Geschworenen gehorsam zu sein. Wörtlich heißt es in dieser Anweisung des Markgrafen an den Richter: „ob jemande under euch were, der do ungehorsam were und sich in entsetzen wolde wider sein und der schepfen gebote, das ir den selben ader di selbe mit der Schepfe rat als pessern und strafen sal und mugen an unser stat, als das gewonlich ist" (wenn da jemand unter den Bürgern wäre, der ungehorsam ist und sich widersetzen sollte dem Gebot des Richters und der Schöffen, daß ihr denselben oder dieselbe mit der Schöffen Rat bessern oder strafen sollt an unserer statt, wie es gewöhnlich ist).

Um eine besonders störrische Innung der Stadt Znaim gegenüber Richter und Schöffen muß es sich bei den Fleischhauern gehandelt haben. Markgraf Johann Heinrich II. ermahnte die Bürger Znaims und erwähnt besonders die Fleischhauer im Jahre 1360 [34], den Urteilen der Richter und der Schöffen zu folgen, um „unser ungnad zu vermeiden".

7. Ausstrahlung des Znaimer Stadtrechtes und Verbindungen zu anderen Stadtrechten

Das Stadtrecht Znaims wurde im Laufe des 14. Jahrhunderts durch Schenkungen der böhmischen Könige beziehungsweise der Markgrafen von Mähren auf Dörfer im Umkreis der Stadt ausgedehnt. Solche Schenkungen betrafen 1308 das Dorf Maispitz[1)], 1325 einen Hof in Schattau[2)], 1327 den Ort Thayax[3)], 1338 die Orte Edmitz, Kukrowitz, Schallersdorf, Waltrowitz und die Mühle im Pumlitz[4)]. 1392 bestätigte Markgraf Jodok von Mähren in einem Streit der Stadt mit dem Stift Klosterbruck das Eigentum der Stadt Znaim an dem Ort Schallersdorf und Kukrowitz.

In der Bestätigung des Königs Ludwig im Stadtrechtsbuch von 1523 werden folgende Orte beziehungsweise folgende Mühlen als Eigentum der Stadt Znaim aufgeführt: Edmitz, Kukrowitz, Schallersdorf, Plenkwitz, Niemtzitz, Druckerfeld, Waltrowitzerfeld, Nesachleb, Pumlitz, Rorhoff und die Mühle unter der Znaimer Burg.

Für die Bedeutung des Znaimer Stadtrechtes spricht die Tatsache, daß 1335 König Johann von Böhmen der Stadt Trebitsch die Freiheit erteilte, sich mit Mauern und Graben einzuschließen und die von Markgraf Karl der Stadt Trebitsch erteilte Genehmigung, das Znaimer Stadtrecht zu übernehmen, bestätigte. Im Jahre 1404 wurde die Übertragung des Znaimer Stadtrechtes an Trebitsch durch den Markgrafen Jodok noch einmal bestätigt[5)]. In der Folgezeit wird dieses Privileg von den böhmischen Königen wiederholt erneuert.

Eine weitere Übertragung des Znaimer Stadtrechtes erfolgte 1335 nach Jamnitz[6)].

Eine Besonderheit der Znaimer Stadtrechtsverfassung aus dem Jahre 1314, von der sich – wie bereits erwähnt – lediglich eine handschriftliche Abschrift in der Bibliothek der Hansestadt befindet, ist die Textgleichheit von fünf Rechtssätzen mit dem Stadtrechtsbuch der Stadt Salzwedel in Brandenburg[7)]. Ein Nachweis über die Gründe der Übereinstimmung ist bisher nicht erbracht worden. Zu vermuten ist, daß durch die Verbindung eines Brandenburger Markgrafen mit Böhmen und Mähren ein Einfluß auf das Stadtrecht einer der beiden Städte erfolgt ist. Für Salzwedel waren die Markgrafen Otto V. und Albrecht III. von Brandenburg gegen Ende des dreizehnten Jahrhunderts zuständig. Der Oheim Otto V. war König Przemysl Ottokar II., der vor der Schlacht gegen den deutschen König Rudolf I. von Habsburg im Jahre 1278 den Brandenburger Otto für den Fall seines Todes mit der vormundschaftlichen Verwal-

tung des Landes für den noch jugendlichen Thronfolger Wenzel beauftragte. Da Przemysl Ottokar II. in der Schlacht am Marchfeld sein Leben verlor, übernahm Otto V. die Verwaltung der böhmischen Länder. Ob durch diese Beziehung zwischen Salzwedel und den böhmischen Ländern ein direkter Einfluß auf das Znaimer Stadtrecht oder umgekehrt ein Einfluß auf das Salzwedeler Stadtrecht erfolgt ist, muß Vermutung bleiben.
Die Bedeutung der Znaimer Richter und Schöffen für die Rechtsfindung auch außerhalb des Stadtgebietes ergibt sich nicht nur aus der Zuordnung von Dörfern unter die direkte Gerichtshoheit der Stadt Znaim und der Stellung des Stadtgerichtes als Berufungsinstanz für eine Reihe von Marktflecken und Dörfern. Zwei Urkunden aus der ersten Hälfte des vierzehnten Jahrhunderts zeugen für das Ansehen dieses Stadtgerichtes.
Die Urkunde aus dem Jahre 1324[8)] behandelt eine Vereinbarung zwischen dem Probst Siegfried des Ordens mit dem roten Stern zu Pöltenberg und dem Richter Friedrich von Schattau bei Znaim. Gegenstand dieser Vereinbarung, die von dem Znaimer Richterkollegium entschieden wird, sind acht Lahne in dem Dorf Maispitz, die in den Kriegszeiten verödet sind und wieder aufgerichtet werden sollen.
Die zweite Urkunde aus dem Jahre 1344[9)] weist Znaimer und Brünner Schöffen aus, die in Jamnitz tätig werden, um dort einen Streit zwischen dem Stadtrat und dem Stadtrichter Heinrich von Jamnitz beizulegen.

8. Zum rechtlichen Inhalt des Municipalrechtes von 1523

Der Pergamentkodex des Znaimer Stadtrechtes aus dem Jahre 1523 umfaßt 407 Folien. Er ist 53 cm hoch, 37 cm breit und etwa 10 cm stark. Der Einband der Handschrift ist mit Beschlägen geschmückt, die die Jahreszahl 1562 aufweisen (Abb. 7 und 8, Seite 53 und 54).
Steffan von Wischau legte als Schöpfer dieses Rechtsbuches großen Wert auf eine möglichst umfassende Darstellung der zu jener Zeit auftretenden Rechtsfragen. Zweifellos hat er an diesem Text sehr lange gearbeitet und auf alte Rechtstraditionen zurückgegriffen. Die ihm im Jahre 1493 übergebenen „Magdeburger Rechte" (Seite 39) weisen sowohl auf den Zeitraum seiner Tätigkeit als auch auf seine Bemühungen um eine Berücksichtigung alter deutscher Rechtsgewohnheiten hin.
Neben dem Originalkodex, dessen Text sowohl in lateinischer als auch in deutscher Sprache abgefaßt ist, wurde wenige Jahre später in der Zeit von 1532 bis 1533 eine Abschrift gefertigt. Diese Abschrift hat zwar den gleichen textlichen Inhalt wie das Original, enthält aber ausschließlich die deutschen Texte. Nur die Überschriften zu den einzelnen Abschnitten sind in lateinischer und deutscher Sprache ausgeführt. In der Abschrift fehlen die Bilder und die reich geschmückten Initialen des Originals, die das Stadtrechtsbuch von 1523 so wertvoll machen. Zweifellos diente die Abschrift dem täglichen Gebrauch bei Gericht, da die Abschrift dementsprechend stärker abgegriffen ist. Dies ist aber auch die Bestätigung dafür, daß die Rechtsbestimmungen auch noch viele Jahre nach Abfassung des Rechtsbuches die Grundlage für die Richter und Schöffen bei der Urteilsfindung gebildet haben.
Das Znaimer Stadtrecht zeigt große Ähnlichkeit mit den Stadtrechten von Brünn und Iglau sowie mit den Vorgängern dieser Handschrift, den Stadtrechten des Notars Ortholf und mit dem – leider nur noch als Abschrift vorliegenden – Stadtrecht von 1314.
Das gesamte Werk ist übersichtlich gegliedert, wobei mehrere Abschnitte deutlich hervortreten. Die Folien der ersten beiden Abschnitte sind nicht numeriert. Die Nummernfolge beginnt erst beim dritten Abschnitt.

*Abb. 7:
Einband des
Znaimer Stadtrechtsbuches
aus dem
Jahre 1523*

Vorwort und Bestätigungen

Ein Prolog in lateinischer Sprache stellt den Juristen Steffan von Wischau und den Schöpfer der Miniaturen und Initialen Wolfgang Fröhlich von Olmütz vor (Abb. 9, Seite 55).
Die folgenden beiden Folien enthalten die Bestätigungen dieses Stadtrechtes durch König Ludwig II. von Böhmen und Ungarn und durch den kaiserlichen Rat, Leonhard Dobrohost (Abb. 10, Seite 56).

Abb. 8: Einband des Znaimer Stadtrechtsbuches aus dem Jahre 1523

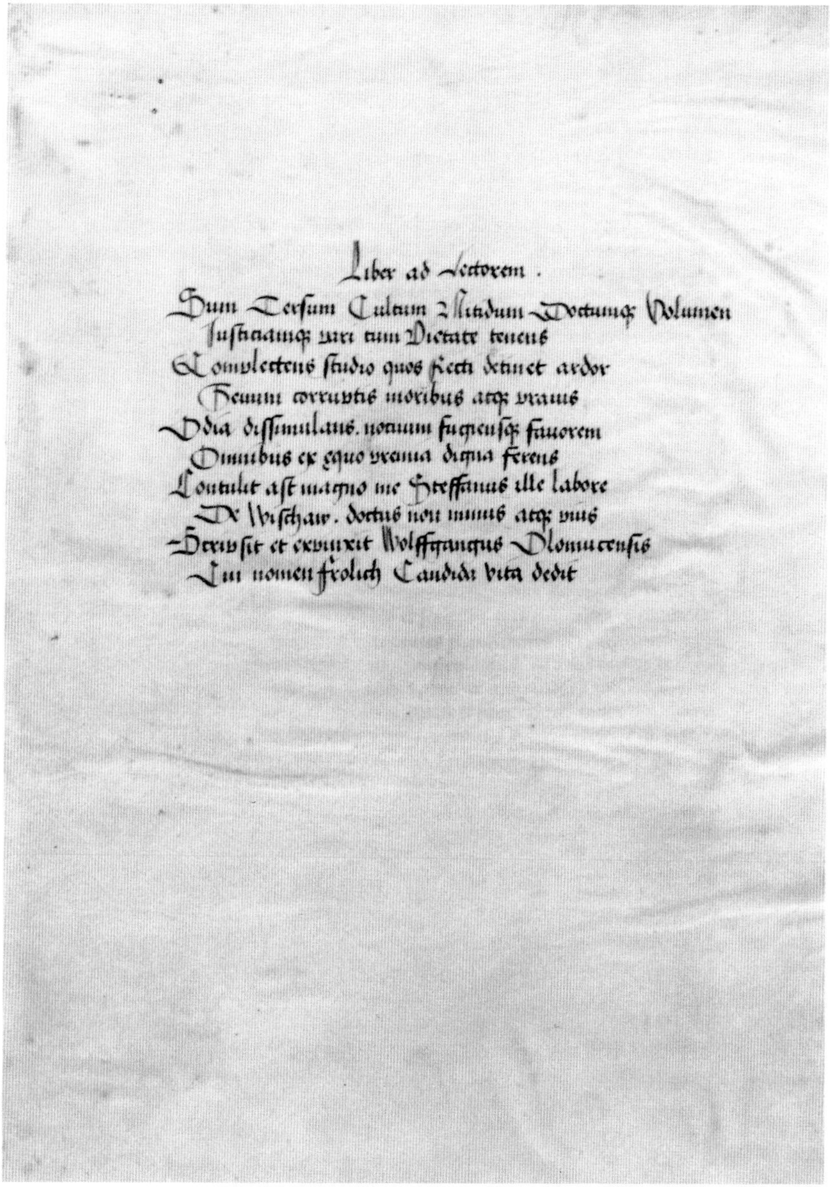

Liber ad Lectorem.

Sum Tersum Cultum [illegible] Doctumque Volumen
Iusticiamque pari cum Pietate tenens
Complectens studio quos flecti detinet ardor
[illegible] corruptis moribus atque pravis
Odia dissimulans. nocuum fugiensque favorem
Omnibus ex equo premia digna ferens
Contulit ast magno me Steffanus ille labore
De Wischaw. doctus non minus atque pius
Scripsit et expinxit Wolffgangus Olomucensis
Cui nomen frolich Candidi vita dedit

Abb. 9: Vorstellung der Schöpfer des Stadtrechtsbuches des Jahres 1523

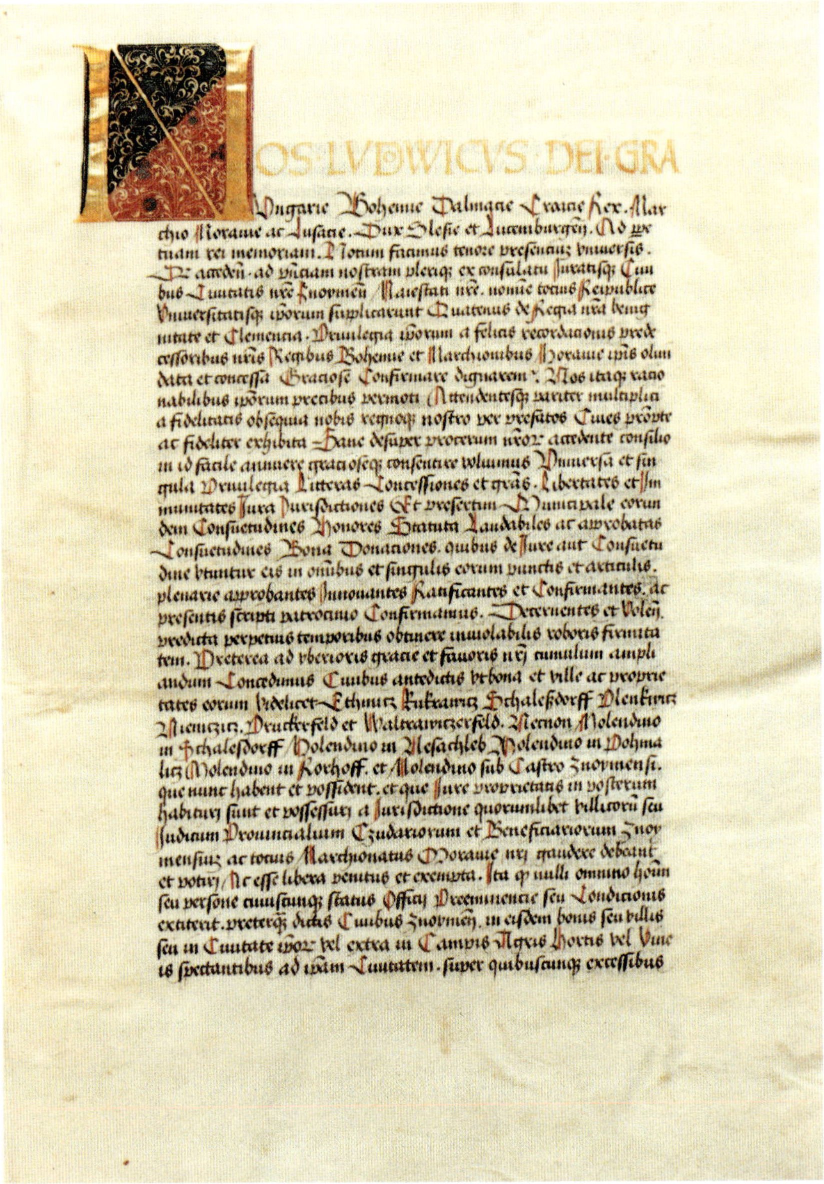

NOS LUDWICUS DEI GRA

Hungarie Bohemie Dalmatie Croatie Rex. Marchio Moravie ac Lusatie. Dux Slesie et Lucemburgen. Ad perpetuam rei memoriam. Notum facimus tenore presentium universis.

Abb. 10: Privileg des Königs Ludwig aus dem Stadtrechtsbuch des Jahres 1523

Inhaltsverzeichnis

Die restlichen unnumerierten Folien enthalten das Inhaltsverzeichnis der in dem Kodex behandelten Rechtsfälle. Das Inhaltsverzeichnis ist alphabetisch geordnet und enthält unter 16 Buchstaben jeweils eine Zusammenfassung von Rechtstiteln, die unter diesem Buchstaben zu suchen sind. Jeder Buchstabe ergibt ein eigenes „liber sententiarum" (ein Buch der Rechtssprüche). Abb. 11 auf Seite 58 zeigt die Seite der Folie zu dem Buchstaben „A". Eine Übertragung des Textes in die neuhochdeutsche Sprache findet sich auf der darauf folgenden Seite 59. Der Text zu jedem „liber sententiarum" beginnt mit einer Initiale. Die Initialen sind zum Teil mit großer Sorgfalt ausgearbeitet. Insgesamt 19 Initialen finden sich im Kodex. Jeder Rechtsspruch ist in lateinischer und in deutscher Sprache ausgearbeitet. Die lateinischen Texte beginnen mit einem goldverzierten, die deutschen Texte mit einem blauverzierten Buchstaben (Abb. 11, Seite 58).
Als Beispiel für die intensive Durchdringung anstehender Rechtsfragen sei auf den Buchstaben „M" verwiesen. 24 einzelne Rechtsfälle führt das Inhaltsverzeichnis zum Thema „Morgengabe" an. Bei der Morgengabe handelt es sich um die Gabe, die der Mann bei der Hochzeit seiner Frau verspricht oder übergibt. Sechs Vorgänge behandeln das „Morden" und die „Mörderei". Und schließlich drei Vorgänge betreffen die Entrichtung und Fälligkeit der „Maut".

Anweisungen zur Gerichtsordnung, zu den Aufgaben der Richter, Schöffen und Bürgermeister sowie zur Einsetzung und Erneuerung des Rates

Eingeleitet und unterbrochen von wertvollen Miniaturen und Initialen wird in diesem dritten Abschnitt das Gerichtswesen in lateinischer und in deutscher Sprache ausführlich behandelt. Bemerkenswert sind in diesem Teil der Handschrift bestimmte Aussagen, die ein deutliches Bild der Anschauungen jener Zeit zum Recht selbst und zu den zur Rechtsausübung Berufenen vermitteln. (Die zitierten Stellen aus dem Rechtshandbuch sind in die heutige Sprache übertragen):

> Die Einbindung der Rechtssprechung in den christlichen Glauben der Geschworenen *„und darum rufen wir an unseren Seligmacher Jesum Christum um seine Hilfe".* „*Und daß sie* (die Geschworenen) *dem Allmächtigen Gott für solche im Ehrensitz verliehene Gewalt, alle Handlungen und Versäumnisse eine schwere Aufgabe zu tun, schuldig sind.*" *„Und vor allen Dingen Gott dem Allmächtigen vor Augen haben und vor dem selbigen dienen."*

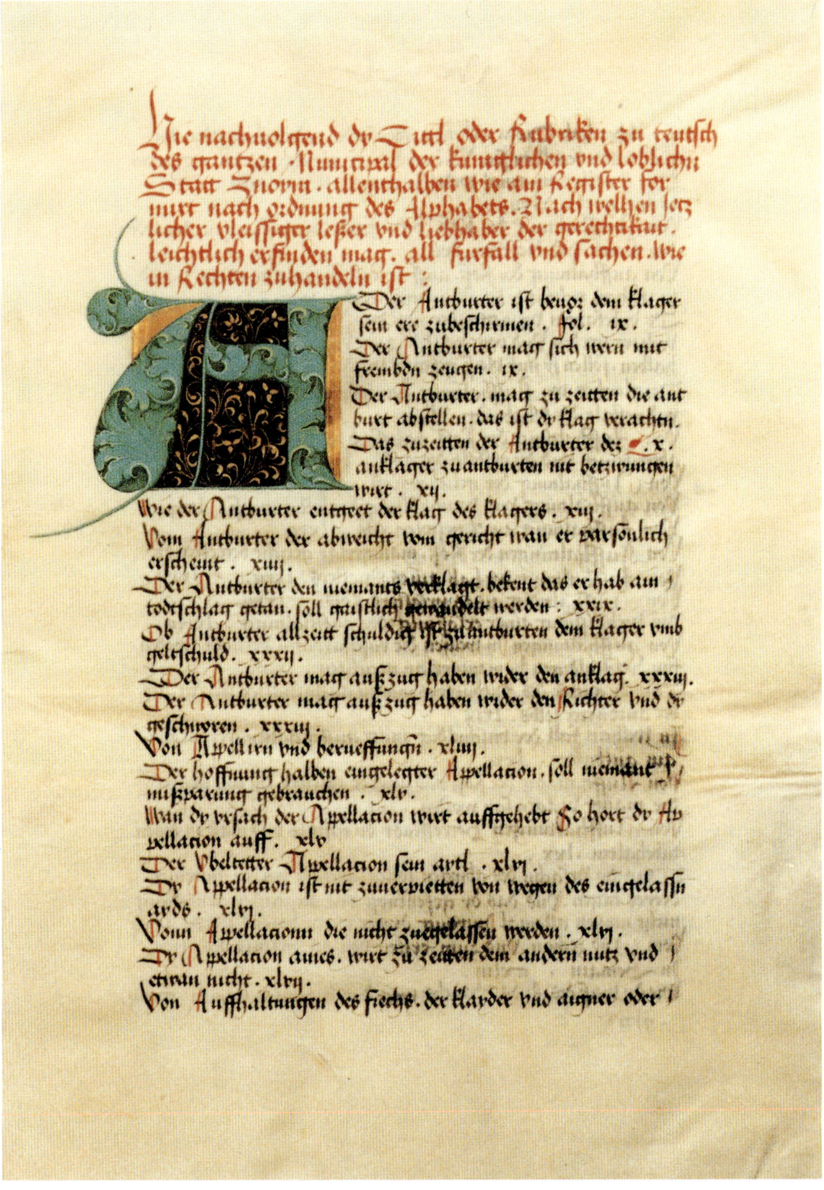

Abb. 11:
Beginn des Inhalts-verzeichnisses aus dem Stadtrechtsbuch des Jahres 1523

Vor der Inhaltsangabe zu dem Buchstaben „A“ befindet sich ein Hinweis auf das gesamte Register. *„Hie nachfolgend dy Tittl oder Rubriken . . .“* In freier Übersetzung lautet dieser Vorspann: *„Hier sind nachfolgend die Titel oder Rubriken des ganzen Municipal-Kodex der königlichen und löblichen Stadt Znaim zu deutsch in einem Register aufgeführt, in der Reihenfolge des Alphabetes. Danach kann jeder fleißige Leser und Liebhaber der Gerechtigkeit Vorfälle und Sachen leicht finden, wie gerecht zu handeln ist.“*
Die unter dem Buchstaben „A“ auf dieser Seite enthaltenen Rechtsvorgänge sind unter Angabe der Folienseite – übertragen in die heutige Sprache – wie folgt aufgeführt:

Der Beklagte ist verpflichtet, dem Kläger seine Ehre zu schützen.
Der Beklagte kann sich mit fremden Zeugen verteidigen.
Der Beklagte kann die Antwort verweigern, er kann die Klage ablehnen.
Der Beklagte kann nicht gezwungen werden, dem Kläger zu antworten.
Wie der Beklagte einer Klage des Klägers entgehen kann.
Die Gründe, wann der Beklagte der Vorladung vor Gericht nicht entsprechen muß.
Der Beklagte, der einen Totschlag bekannt und von niemand verklagt ist, muß geistliche Buße tun.
Ob ein Beklagter jederzeit verpflichtet ist, dem Kläger bei Geldschulden zu antworten.
Der Beklagte hat „Aufszug“ gegen den Kläger.
Der Beklagte hat „Aufszug“ gegen den Richter und die Geschworenen.
Von der Appelation und der Berufung.
Mit der Appelation soll niemand Mißbrauch treiben, der diese mit der Hoffnung begründet.
Wenn die Gründe für die Appelation wegfallen, so hört die Appelation auf.
Die Appelation eines Übeltäters ist nicht gerechtfertigt.
Die Appelation darf nicht verboten werden, wenn ein Eid geleistet wird.
Appelationen, die nicht zugelassen sind.
Die Appelation eines, wird zu zeiten dem anderen Nutzen nicht.
Von Aufhaltungen des Viehs, der Kleider und Eigner . . .

Die Zuordnung der Verfehlungen zum Wesen des Menschen *„so das Wesen des Menschen von angeborener Natur gebrechlich, die Geschicklichkeit ungleich und das Verständnis unterschiedlich zu urteilen die vorkommenden Sachen und handelt zu Zeiten durch natürlich Begier, die im allgemeinen schnell zu Bösem sich verwandelt".*

Der wiederholte Bezug auf den gemeinen Nutzen *„Und die Gerechtigkeit eine standhafte Mutter der Dinge Aller, Regiererin und Gleichmesserin einem Jedem gibt das Seine, auch Friede und Einigkeit, ohne die der gemeine Nutzen nicht bestehen kann".*

Das Bewußtsein in die althergebrachte Rechtsordnung *„Darum ist es zum Nutzen und zum Vorteil gewesen und zur Hilfe des Gedächtnisses, Gesetz und Ordnung zu machen. Auch unsere Vorfahren haben mit großem Fleiß dies schriftlich niedergelegt".*

Die hohen Ansprüche an den Richter und die Schöffen. Der Richter *„wird genannt nach der Gerechtigkeit und soll sein gerecht, wahrhaftig, bescheiden, wohlberedet und fürsorglich".* Zu den Aufgaben der Schöffen heißt es *„und vor allen Dingen sollen sie verschwiegen sein. Was sie Vertrauliches in dem Rat hören oder betrachten, das sollen sie nicht austragen".* Die Geschworenen werden ermahnt *„Ihr sollt Recht sprechen und höret den anderen Teil".* Die in den Rat Berufenen sollen *„fromm, gütig und fürsorglich sein, damit sie mit ihrer Unterweisung und gutem Beispiel die anderen Leute zu Tugend und zu guten Sitten anweisen". „Sie sollen auch einig untereinander sein und einer den anderen behilflich. Denn durch Einigkeit wachsen und nehmen zu die kleinen Dinge, durch Zwietracht werden große Dinge zerstört."* (Abb. 12, Seite 61)

Die Bedeutung des Handwerks und der Handwerksordnung, die im Stadtrechtsbuch zum Ausdruck kommt. Die Geschworenen *„sollten auch über jegliches Handwerk, das dem gemeinen Nutzen dient, besonders vereidigte Meister setzen, die dafür sorgen, daß in demselben Handwerk redlich und richtig gearbeitet wird".* Besonders kritisch wird die Zunft der Fleischhacker behandelt. *„Aber die Fleischhacker sind oft liederlich und eigennutzig."* So werden Vorschriften für diese wie auch für andere Zünfte festgelegt. Ein eigener Absatz ist dem Bäckerhandwerk gewidmet, denn *„niemand soll des Brotes entbehren".* Für die übrigen Zünfte wird auf eine eigene Handwerksordnung verwiesen. *„Was aber die anderen Handwerke betrifft, wird man finden in dem Buch, wo die Handwerk und andere Statuten und Gesetze geschrieben sind. Das ist mit grüner Farbe bestrichen."*

Die Erkenntnis, daß unter Umständen Ergänzungen zu diesem Kodex vorzunehmen sind *„und ob jetzt oder hernach, über kurz oder lang in dieser unserer Reformation,*

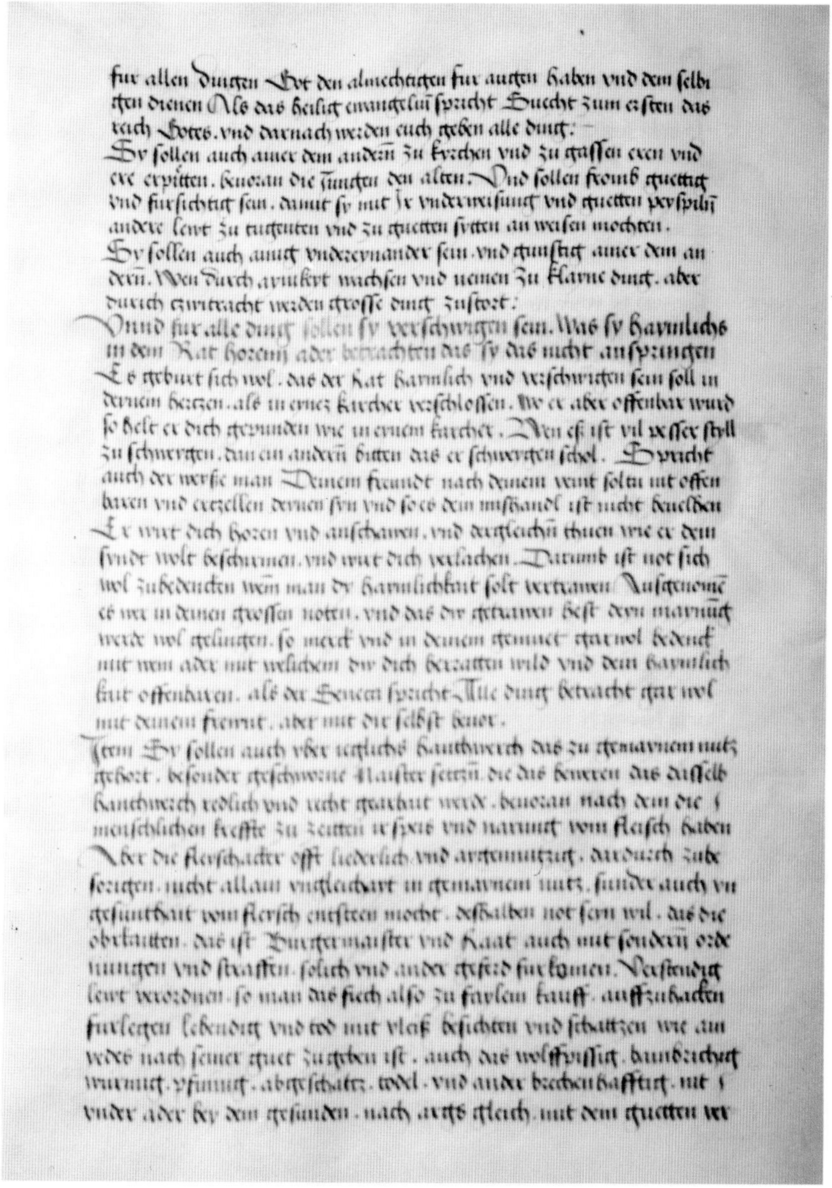

Abb. 12: Die Aufgaben der Schöffen, Folie VI (r) aus dem Stadtrechtsbuch des Jahres 1523

Ordnung und Satzung Zweifel über sonderlich viele Vorfälle, die hier im Buch nicht bedacht sind, auftreten, behalten wir uns vor zu bessern, Erläuterungen oder Erklärungen zu geben. Es ist die Aufgabe des Rechtes zu mäßigen, zu ordnen, zu entscheiden, zu mehren, zu mindern, zu ändern und andere Gesetze zu machen".

Bei der Beschreibung der Gerichtsordnung wird darauf verwiesen, daß dies ein Werk *„dreier Personen ist, des Richters, des Klägers und des Beklagten"*. Zusätzlich werden aufgeführt die Zeugen, die Advokaten, die Beisitzer, die Prokuratoren und die Verhörer. Die Ordnung und der Sitz im Rat und im Gericht werden ebenso behandelt, wie die Versammlung des Rates selbst. Den Schöffen wird aufgegeben, aus den eigenen Reihen je zwei Verantwortliche zu benennen zur Überwachung der Bauten, Brücken, Mauern, Türme; weitere zwei zur Überwachung der Feuerstellen in Stuben, „Melzhäusern", Brauereien, Backhäusern und Schmieden; zwei zur Überwachung des Fischmarktes und zwei schließlich zur Überprüfung des Gefängnisses an jedem Montag.

Schöffensprüche

Der vierte und umfangreichste Abschnitt des Stadtrechtsbuches behandelt die im Inhaltsverzeichnis aufgeführten Vorgänge. Insgesamt 720 Entscheidungen (Schöffensprüche) finden sich auf den folgenden 390 Folien. Diesem Hauptteil der Handschrift können wichtige Erkenntnisse über die Rechtsentwicklung und die Rechtssprechung in Znaim entnommen werden. Einige dieser Schöffensprüche werden im folgenden behandelt:

Abschnitt A, Folie 19

Die Überschrift zu dieser Entscheidung lautet: *„Wer die vorklag soll haben in dem Handel der wundten" (wer darf zuerst die Klage erheben, wenn Verletzungen eingetreten sind).*
In dieser Entscheidung der Schöffen kommt die herausgehobene Stellung des Stadtrichters besonders deutlich zum Ausdruck. Der Richter mußte sich gegen einen Bürger zur Wehr setzen und hat ihn bei diesem Vorgang verletzt. Der Betroffene verklagte den Richter. Von den Schöffen war zu entscheiden, ob der Betroffene den Richter oder der Richter den Betroffenen verklagen darf, wer also *„vorklag soll haben"*.

Die Schöffen haben die Klage des Verletzten mit folgender Begründung abgelehnt: „*Darumben die verschmahung und gewalt dem Richter und seynem ampt beschehen, ist vil hocher grosser zu schatzen dann die wundten oder schlag, der vom Richter dem widertail geschehen ist. Und also ist auch zu achten von den rategeschworenen wann zu gewalt geschech.*"
Der Richter genießt in seiner Amtsausführung einen besonderen Schutz, selbst wenn er dabei einen Bürger verletzt. Zur Bekräftigung dieser Entscheidung berufen sich die Schöffen auf die Privilegien des Markgrafen Johann Heinrich II. aus dem Jahre 1350 und des Kaisers Karl IV. aus dem Jahre 1348 mit den Worten: „*wider dy die da auffrur machen, oder zusamen blasen wider Richter und Geschwornen des Rats.*"

Abschnitt C, Folie 73

Die Überschrift zu dieser Entscheidung lautet: „*Daß in der Stadt khain ewiger zinß soll sein noch in das statregister geschriben werden*" *(Daß in das Stadtregister kein ewiger Zins eingetragen werden darf).*
Der Hinweis auf das „Stadtregister" besagt, daß in Znaim – wie auch in anderen Städten mit deutschem Recht – neben dem eigentlichen Rechtsbuch auch ein weiteres Stadtbuch geführt wurde, in das wichtige Rechtsgeschäfte eingetragen wurden.
Dem Urteil liegt eine Klage einer Nonne zugrunde, die zugunsten ihres Klosters die Eintragung eines ewigen Zinses auf das Haus eines Bürgers verlangt, den dieser ihr schuldig sei. Die Schöffen lehnen die Eintragung eines ewigen Zinses – einer zeitlich unbegrenzten Zinsforderung – ab und berufen sich auf ein Privileg des böhmischen Königs Johann (1310 – 1346) zugunsten der Stadt Znaim.
Wie in dem zuerst zitierten Schöffenspruch, zeigt sich auch in diesem Fall die über Jahrhunderte währende Rechtstradition und die Gegenwärtigkeit einmal erteilter Privilegien.

Abschnitt D, Folie 112

Die Überschrift zu dieser Entscheidung lautet: „*Die Morgengab hert darumb nit auf, so ein weib ain todt kynd gebert*" *(Der Anspruch der Frau auf die „Morgengabe" erlischt nicht, wenn die Frau ein totes Kind gebärt).*

Aus dem Vorgang ergibt sich zunächst, daß der Stadtrichter und die Geschworenen von Znaim für Rechtsstreitigkeiten in den Dörfern der Umgebung als Oberhof (Berufungsinstanz) zuständig waren. Der Schöffenspruch beginnt mit den Worten *„Iner zw Hosterlitz"*.
Verhandelt wird über eine bei der Eheschließung vereinbarte Morgengabe zu Gunsten der Ehefrau. In diesem Fall ist jedoch der Mann innerhalb eines Jahres nach der Eheschließung gestorben und die Frau hat ein totes Kind zur Welt gebracht. Die Bürgen für die versprochene Morgengabe wollten sich der Verpflichtung entziehen, *„seytemall khain urkuhund geschehen war wegen der beczalung der morgengab und ein jahr geschwiegen hett". Die Schöffen entschieden zu Gunsten der Frau.*

Abschnitt E, Folie 138

Die Überschrift zu dieser Entscheidung lautet: *„Wie der soll gewandelt werdn d'ain andern hat wollen laidigen und hat yn nit gelaidigt" (Wie einer soll bestraft werden, der einen angreift, ihn aber wegen der Flucht des anderen nicht verletzt).*
Verklagt ist ein Bürger, der gegen einen anderen Bürger das Schwert gezogen hat. Nur durch die Flucht konnte sich der Angegriffene retten. Zu entscheiden war in diesem Fall, ob schon der Angriff zu einer Buße (wandl) führt oder erst die Tat selbst. Bemerkenswert an dieser Entscheidung ist der Hinweis, daß das Urteil nach „Znaimer Recht" gesprochen wurde, das nach dem Wortlaut des Schöffenspruches abweicht von *„dem recht, das man anderswo hatt"*.

Abschnitt G, Folie 175

Die Überschrift zu dieser Entscheidung lautet: *„Von der gnad zuthun umb die peen des haubts" (Von der Begnadigung eines Mannes, der wegen Hausfriedensbruches und Tötung eines anderen Mannes verklagt ist).*
Bei diesem Vorgang wird die Bestrafung eines Mannes behandelt, der einen anderen Mann getötet hat. Von Bedeutung ist der in diesem Vorgang hergestellte Bezug zu den „ursprünglichen Rechten". Wörtlich heißt es: *„In den ursprinklichen rechten wird geschriben under dem titl haimsuchung"*.
Das in dieser Entscheidung angesprochene Recht der „Heimsuchung" (= Hausfriedensbruch) findet sich in dem Brünner Recht aus dem Anfang des 14. Jahrhunderts. Mit Bezugnahme

auf das alte Recht wird auch in diesem Fall auf Enthaupten entschieden, falls der Richter nicht für eine „Wandlung" (= Umwandlung der Todesstrafe in eine Bußgeldzahlung) entscheidet. Inwieweit dieser Abschnitt des Brünner Stadtrechtes auch Bestandteil der früheren Znaimer Rechtsbücher aus dem 13., 14. und 15. Jahrhundert war, kann wegen fehlender Unterlagen nicht nachgewiesen werden.

Abschnitt I, Folie 236

Die Überschrift zu dieser Entscheidung lautet: *„Item dergleichen von Juden betreffend diebstall und malefizhandlungen" (Von Diebstahl und Übeltaten begangen durch Juden).*
Diebstahl wurde im alten deutschen Recht sehr streng bestraft. Ein eines Diebstahls überführter Täter wurde in der Regel gehängt.
Der in diesem Abschnitt behandelte Vorgang ist nicht nur wegen der Bestrafung des Täters, sondern auch wegen der ausführlichen Darstellung der Überführung und schließlich wegen des erfolgten Einspruches rechtlich aufschlußreich.
Der Täter war ein Jude, der in einem fremden Haus Geld und Textilien entwendet hatte. Die bestohlene Frau wird von den Hausgenossen auf den Täter hingewiesen und geht selbst in die Judengasse, um das Gestohlene zu suchen. Der Täter entflieht, wie er die Frau kommen sieht. Die Frau begibt sich zu dem Judenrichter, der bereits Kenntnis von dem Vorgang hatte und den Täter ins Gefängnis sperrte. Bei der Verhandlung vor den christlichen Schöffen der Stadt wird der Täter zum Tod durch den Galgen verurteilt.
Die Besonderheiten dieses Vorganges ergeben sich aus folgenden Punkten:
- Die Tatsache eines Judenrichters und eines christlichen und jüdischen Rates,
- der Einspruch des Judenrichters gegen das Urteil mit der Begründung, daß es nur vom christlichen Rat ergangen sei,
- die Zurückweisung dieses Einspruches durch den gesamten Rat.

Ein Umstand bei diesem Vorgang verdient besondere Aufmerksamkeit. Nach Vollstreckung des Urteils kommt der Hauptmann von Mähren nach Znaim und hält den Geschworenen vor, daß sie den Täter *„der ein knecht des camerhern Margrafen gewest wider recht gehangen"* hätten. Hier nun zeigt sich die Stärke des Stadtrechtes. Die Geschworenen berufen sich auf ihre *„stattfreyhatt"* und daß nach dieser Freiheit *„aus kuniglichen gewalt nit verboten ist zw hengen"*.

Abschnitt I, Folien 254, 255

Die Überschrift zu dieser Entscheidung lautet: „*Vom burgerlichem, durch dy newen burg, erlangt und von verbiettung böser aynigung od verpindung die dy handwerchsleyt in yren zechen ausrichten*“ (*Von verbotenen Bestimmungen in den Handwerksordnungen und Zunftsatzungen*). Der Vorgang behandelt die Satzungen der Handwerksinnungen, bei denen die zulässigen Bestimmungen nicht eingehalten wurden. Besonders angesprochen werden die Satzungen der Bäcker, Fleischhacker, Schuster und Lederer. Als eine verbotene Satzung wird erwähnt: „*dergleichen verbieten die Fleischhacker, daß man kein Vieh schlagen soll, ehe sie das alte Fleisch verkauft haben*“. In dem Schöffenspruch wird ausgeführt, daß laut einem Brief in der „Bürgertruhe“ Karl, der römische Kaiser und böhmische König, die diesbezüglichen Satzungen zu Znaim, Brünn und Olmütz vernichtet habe.
Offensichtlich besteht ein Zusammenhang zu einer Urkunde aus dem Jahre 1343 [1)], nach der Markgraf Karl von Mähren (der spätere Kaiser Karl IV.) dem Hauptmann am Spielberg von Brünn die Anweisung erteilt, darüber zu wachen, daß die aufgehobenen Olmützer und Znaimer Handwerksordnugen in Brünn keine Aufnahme finden.

Abschnitt P, Folie 292

Die Überschrift zu dieser Entscheidung lautet: „*Von der straff ains weibs, dy yr aigen khind den juden verkauft*“ (*Von der Strafe für eine Frau, die ihr eigenes Kind einem Juden verkauft*). Das alte deutsche Recht kennt bei diesem Vergehen für die Mutter des Kindes und deren Gesellin die schwersten Strafen.
Wie stark das alte Recht im Bewußtsein der Schöffen und Richter sich erhalten hat, geht aus dem Urteil selbst und aus der Urteilsbegründung hervor. Bei der Urteilsfindung berufen sich die Schöffen auf das überkommene Recht „*von laiblicher straff von alter her ist gewonlich gewest*“.

9. Die künstlerische Gestaltung des Stadtrechtsbuches durch Wolfgang Fröhlich von Olmütz

Die Entstehungszeit der Pergamenthandschrift fällt in mehrfacher Hinsicht in eine Zeit wesentlicher Umgestaltungen. Dies gilt in politischer Beziehung allgemein für die Länder Böhmen und Mähren, es gilt für Machtverschiebungen innerhalb der Stände, insbesondere zu Lasten der Stellung der Städte und des Bürgertums als gestaltende Kraft und es gilt schließlich auch für das Vordringen des römischen Rechts, das allmählich das alte deutsche Recht ersetzt. In der Einführung, in der Beschreibung des deutschen Rechtes in Böhmen und Mähren und in dem Abschnitt über die zeitgeschichtliche Betrachtung zur Entstehung des Znaimer Stadtrechtsbuches von 1523 wurde auf diese Veränderungen hingewiesen.

Auch das künstlerische Bewußtsein der Menschen in der Wende vom fünfzehnten zum sechzehnten Jahrhundert befindet sich in einem Umbruch. In den Miniaturen des Kodex spiegelt sich diese veränderte künstlerische Auffassung wider. Die Illustrationen der Handschrift zeigen deutlich zwei unterschiedliche Stilrichtungen. Die Welt der Gotik mit den großartigen Leistungen auf dem Gebiet der Baugeschichte, der Malerei, der Plastik und der Gestaltung vieler bedeutender Handschriften wird für Mitteleuropa bis etwa 1520 gerechnet. Mit dem Beginn des sechzehnten Jahrhunderts gewinnt aber bereits eine neue künstlerische Sicht allmählich Geltung. Der Blick wird auf die Vergangenheit gerichtet, und das klassische Altertum lebt in einer Kunstrichtung wieder auf. Architektur, Malerei, Plastik wie auch die Handschriften bzw. Drucke werden über längere Zeit dieser neuen Kunstrichtung, der Renaissance, verbunden bleiben.

In der Entstehungszeit des Znaimer Stadtrechtsbuches von 1523 überschneiden sich die beiden Kunstrichtungen und Wolfgang Fröhlich – der künstlerische Schöpfer dieser Handschrift – zeigt sich als Meister beider Richtungen. Noch ganz gefangen in der gotischen Buchmalerei gelingt es ihm, die Elemente der neuen Kunstrichtung aufzunehmen und in einigen Darstellungen zu verarbeiten.

Betrachtet man die Ornamentik in den Umrahmungen der Abb. 16 und 18 auf den Seiten 74 und 76, dann steht man ganz im Bann der Gotik. Der farbliche und gestalterische Aufbau ist in dieser Stilrichtung verankert. Den gleichen Eindruck hinterlassen einige prachtvolle Initialen. Die Abb. 14 und 17 auf den Seiten 71 und 75 verweisen dagegen auf den Einfluß der Renaissance. Stellt man die angesprochenen Abbildungen gegenüber, dann überrascht die Tatsache, daß diese unterschiedlichen künstlerischen Aussagen von dem gleichen Meister geschaffen wurden.

Ilg[1)] weist darauf hin, daß bei der künstlerischen Ausgestaltung der Rechtsbücher im Mittelalter bestimmte Ordnungen in der Reihenfolge der Bilder vorherrschten. So haben Darstellungen einer Gerichtssitzung (siehe Seite 76) und des Stadtschreibers in der Znaimer Handschrift in den Brünner Manuskripten der Jahre 1365 bzw. 1466 Vorbilder. Auch die Darstellung des Gekreuzigten findet sich nach Ilg in mehreren Rechtsbüchern wieder.

Die Ausschmückung des Stadtrechtsbuches mit Miniaturen beginnt nach den ersten zwanzig unnumerierten Folien mit Folie I b, in der Wolfgang Fröhlich den böhmischen König durch eine Darstellung in dessen herrschaftlicher Würde und die Stadt Znaim durch eine Ansicht aus dem Thayatal mit dem Blick auf das Stift Klosterbruck und die Stadtsilhouette würdigt (Abb. 13, Seite 69).

König Ludwig ist auf dem oberen Teil der Folie sitzend auf dem Thron und flankiert von zwei Bannerträgern dargestellt. Der jugendliche Gesichtsausdruck weist auf das Alter des Königs hin. Zum Zeitpunkt der Entstehung der Handschrift war König Ludwig 17 Jahre.

Die Fahnen der beiden Bannerträger zeigen das Wappen Polens auf der einen und das Wappen Böhmens auf der anderen Seite. Das polnische Wappen bezieht sich auf die Abstammung Ludwigs aus dem polnischen Königshaus der Jagellonen. Es ist erstaunlich, daß Wolfgang Fröhlich das Wappen Polens so sehr hervorhob, obwohl doch Ludwig König von Ungarn war, und daher dieses Wappen für die Stellung Ludwigs eine größere Bedeutung hatte.

In kunstgeschichtlicher Hinsicht ist der untere Teil dieses Pergamentblattes von größerer Bedeutung, da der Versuch einer möglichst getreuen Wiedergabe des Stadtbildes von Znaim und die Einbettung der Stadt in das tief eingeschnittene Thayatal in eine Stilrichtung deutet, die im deutschsprachigen Raum noch keine lange Tradition hatte. Naturgetreue Landschaftsdarstellungen haben erst gegen Ende des fünfzehnten Jahrhunderts eingesetzt. Dürer wurde auf seiner Reise nach Venedig durch die Begegnung mit den italienischen Meistern zu Landschaftsdarstellungen angeregt.

Inwieweit Wolfgang Fröhlich von den Arbeiten Dürers oder anderer Künstler beeinflußt wurde, die sich zu Ende des fünfzehnten Jahrhunderts mit der Landschaftsmalerei auseinandergesetzt haben, ist nicht nachzuweisen.

Die Wappen in dem breiten Rand, der das Bild Ludwigs schmückt, zeigen die Länder Mähren, Kroation, Lausitz, Böhmen, Schlesien, Dalmatien, Luxemburg und Ungarn. Die Gestaltung

Abb. 13: Darstellung des Königs Ludwig und der Stadt Znaim aus dem Stadtrechtsbuch des Jahres 1523

des Randes mit Blüten und Blumen ist so zurückgesetzt gehalten, daß die Wappen selbst gut hervortreten.

Das Bild der Stadt wird auf beiden Seiten von in Goldton gefaßten Säulen eingerahmt. Die Darstellung unterstreicht mit den Giebeldächern und den spitzen Türmen den gotischen Eindruck des Stadtbildes jener Zeit. Sowohl der gotische Rathausturm, fertiggestellt im Jahre 1448 von Niklas von Edelspitz, wie auch der vom gleichen Meister in den Jahren 1440 bis 1498 erfolgte Umbau des im Vordergrund erkennbaren Stiftes Klosterbruck, verweisen das Bild in das fünfzehnte Jahrhundert.

Auf der folgenden Folie (Abb. 14, Seite 71) führt der Künstler den Betrachter in die neue Stilepoche. Abgesehen von einigen figürlichen Darstellungen, erinnert der Rand dieses Bildes an die in der Renaissance beliebte Dekoration stilisierter Pflanzenelemente, die als Mauresken in die Kunstgeschichte eingegangen sind.

Im oberen Teil des Bildes ist der Gekreuzigte dargestellt. Maria und Johannes stehen etwas teilnahmslos zu beiden Seiten des Kreuzes. Im Vordergrund kniet der Notar vor dem Gekreuzigten, erkennbar durch seine schwarze Robe, die mit einem Pelzkragen geschmückt ist. Den Hintergrund des Bildes stellt eine Phantasielandschaft dar.

Unter dem Bild mit dem Gekreuzigten beginnt der lateinische Text des Prooemiums. Dieses in alten Handschriften verwendete Wort bedeutet die Vorrede zu einer Schrift. Eingeleitet wird der Text mit einer Initiale, in der der Notar am Tisch arbeitend gezeigt wird. Vor ihm steht Justitia, die Göttin der Gerechtigkeit, das Schwert auf den Tisch gestützt und in der zweiten Hand die Waage haltend.

Unter der Schirmherrschaft von Justitia entsteht das neue Stadtrechtsbuch. Zwei weitere Bücher liegen als Vorlagen auf dem Tisch, vielleicht das Znaimer Recht aus dem vergangenen Jahrhundert und die Magdeburger Stadtrechte, die dem Notar 1493 übergeben worden waren. Die Studierstube des Notars schmückt an der einen Wand ein Bild der heiligen Barbara. Ein Fenster mit Butzenscheiben, eine Balkendecke und ein gerahmter Spiegel ergänzen den altdeutschen Eindruck des Raumes.

Auf den folgenden beiden Seiten der Handschrift findet sich die Fortsetzung des Prooemiums. Die Folie III (v) zeigt ein Bild, in dem die Göttin der Gerechtigkeit mit Schwert, Waage und goldener Krone vor einer Phantasielandschaft dargestellt ist. Zu beiden Seiten Justitias ranken vergoldete Zweige um ihr Haupt. Die Wurzeln der Stämme, die diese Ranken tragen, sind deutlich zu erkennen und symbolisieren wahrscheinlich die Grundlagen der Rechtssprechung,

Abb. 14: Christusdarstellung und Studierstube des Notars aus dem Stadtrechtsbuch des Jahres 1523

die fest im Bewußtsein der Menschen – im Bewußtsein der mit diesem Recht Lebenden – verwurzelt sein müssen (Abb. 15, Seite 73).
Die folgende Folie der Handschrift führt uns wieder in die Gotik zurück. Ein mit einer Initiale geschmückter Text wird von einer mit großer Sorgfalt gestalteten Umrahmung geschmückt, auf den bereits weiter oben hingewiesen wurde. Eine farbenfrohe Blütengirlande hält sich an die Vorbilder vergleichbarer gotischer Handschriften (Abb. 16, Seite 74).
Folie V (v) ist zum Teil mit Text gefüllt. Den größeren Anteil an dieser Seite hat jedoch ein Bild, das Christus als Erlöser der Welt darstellt. Auch auf dieses Bild (Abb. 17, Seite 75) wurde bereits bei der Besprechung der beiden in der Handschrift vertretenen Stilrichtungen hingewiesen. Das Bild zeigt Christus auf einem Regenbogen sitzend. Die Füße des Heilands ruhen auf dem Erdenrund. Links und rechts knieen Maria und Johannes. Zwei Engel mit ihren Posaunen verkünden vom Himmel den Lobgesang Gottes. Während der obere Teil des Bildes durch die Darstellung des Weltenrichters beherrscht wird, steht darunter mit Waage, Schwert und Krone Justitia als Hinweis auf das irdische Richteramt.
Nach drei Seiten Text folgt auf Folie VII (v) die auf der Titelseite dieses Buches abgebildete Gerichtssitzung in einer Initiale (Abb. 18, Seite 76). Die überaus fein ausgearbeitete Miniatur mit dem Richter im Mittelpunkt des Bildes, mit je zwei Schöffen zu beiden Seiten, sowie dem Kläger und dem Beklagten („Clager" und „Anthwarter") wirkt durch die Einbindung in den Buchstaben besonders eindrucksvoll. Bei genauem Hinsehen erkennt man, daß neben drei männlichen Geschworenen auch eine Frau abgebildet ist. Nicht nur die Tatsache einer Frau als Schöffe erscheint bemerkenswert. Auch die Festtagskleidung der Frau in Goldhaube und Festtagsrobe wie auch die der männlichen Schöffen zeigt wohl an, welche Bedeutung dem Auftrag als Beisitzer bei Gericht gegeben wurde.
Eine leuchtende Girlande wächst aus dem Stamm, der zum Teil von dem mährischen Wappen verdeckt ist. Vielleicht beabsichtigte Wolfgang Fröhlich das Wappen der Stadt in diesem Bild festzuhalten. Dazu fehlt aber das „Z" in der Brust des Adlers, das für das Znaimer Wappen bereits seit der zweiten Hälfte des fünfzehnten Jahrhunderts verwendet wurde.
Mit dieser Darstellung enden die Miniaturen in dem Kodex, wenn man davon absieht, daß weitere Initialen und die in Gold- und Blauton gefaßten Großbuchstaben zu jedem Rechtsfall im weiteren Text der Handschrift eine besondere Lebendigkeit verleihen.
Das Schriftbild des Stadtrechtsbuches entspricht der spätgotischen Schreibweise.

Abb. 15: Justitia aus dem Stadtrechtsbuch des Jahres 1523

Abb. 16: Eine mit reichem Blütenkranz geschmückte Folie aus dem Stadtrechtsbuch des Jahres 1523

nechsten der Burgermaister vnd zu baiden seytten. ye der Eltist. an der
mal nacheinander an all mittl. Ersamblich vnd mit solicher still. forcht
bruederlicher lieb. vnd freuntlicher beschaidenhait sytzen. als ob ein lands
furst vnd Marckgraff bey in gegenwertig wer. nichts leichtfertigs. spotlichs
schimpflichs. hassigs. vergebens. ader zornigs. reden ader prauchen. nach ainai
nander gestatten. sonder mit gantz ernstlichem gemuett betrachten Ire ayde
wie vnd warumb sy erwelt sein vnd Zusamen gemant sein warden. Vnd das
sy dem Almechtigen Gott vnd solichem Erensitz verlichen gewalt alle hand
lungen. vnd verkaumbnus schwäre rechnung Zuthun schuldig sein: –

Von versamblung des Rats auffs Rathauß.

ALs hieuor begriffen ist. das die Ratsgeben Beysitzer vnd
Vrtailer verpflicht sein Wen vnd so offt. sy von der öbrikait
das ist dem Burgermaister. von Gerichts ader Rats we
gen ermant ader berufft werden. sollen sy gehorsamlich er
scheinen Auff das aber damit ein gleichait vnd des minder saumnus

*Abb. 17:
Christus als Welten-
richter aus dem
Stadtrechtsbuch
des Jahres 1523*

Abb. 18: Gerichtsszene aus dem Stadtrechtsbuch des Jahres 1523

10. Stadtrecht – Stadtgeschichte

Das Znaimer Stadtrecht führt weit zurück in eine Zeit, über die aus den Rechtsbestimmungen, der Rechtsordnung, aus den Rechtssprüchen der Schöffen und aus erhalten gebliebenen Namen der Richter, Schöffen und Bürgermeister ein verhältnismäßig klares Bild der Siedlungsgeschichte dieser Stadt entsteht.

Das Stadtrechtsbuch von 1523 bildet in rechtlicher Hinsicht einen Höhepunkt einer über Jahrhunderte entwickelten Rechtstradition und in kunstgeschichtlicher Hinsicht einen Höhepunkt für die Stadtrechtsbuchentwicklung in ganz Mähren. Dieses Stadtrechtsbuch ermöglicht – unabhängig von der Frage, welche Stadtrechte dabei Pate standen – eine umfassende Kenntnis über die Rechtsfindung einer Zeit, die durch wesentliche Veränderungen geprägt war und gibt darüber hinaus Einblick in die wirtschaftlichen Rahmenbedingungen der Bewohner.

Die Geschichte des deutschen Stadtrechtes in Znaim ist die Geschichte der Besiedelung eines Grenzgebietes und einer zu jener Zeit bedeutenden Stadt zwischen zwei Machtzentren. Die deutsche Besiedelung dieses Raumes findet in diesem Stadtrecht seine Bestätigung.

Die strengen Rechtsnormen und harten Strafen bei deren Übertretung zeichnen ein Bild eines Gemeinwesens, dessen Fundamente auf alten germanischen Rechtsauffassungen aufgebaut waren und sich über Jahrhunderte hielten. Immer wieder findet sich in dieser Handschrift der Hinweis auf den „gemeinen Nutzen“, dem dieses Recht verpflichtet ist.

Namens- und Sachregister

Quellenhinweise

In diesem Verzeichnis wird folgende Abkürzung verwendet:
CDEM = Codex Diplomaticus et Epistolaris Moraviae
Band I - V Boczek Anton, Olmütz 1839
Band VI - VII P. Ritter von Chlumetzky, Brünn 1854
Band VIII - XIII Brandl Vinzenz, Brünn 1874 - 1897
Band XIV Bretholz Berthold, Brünn 1903

Anmerkungen

Einführung

1) Christian d'Elvert: Historische Literaturgeschichte von Mähren und Österreichisch-Schlesien, Brünn 1850, Seite 27

1. Die Entstehung des deutschen Stadtrechtes als Grundlage der wirtschaftlichen Entwicklung des Mittelalters in Mitteleuropa

1) Conrad Hermann: Deutsche Rechtsgeschichte, 2. Auflage, Karlsruhe 1962, Seite 255
2) Weizsäcker Wilhelm: Das deutsche Recht als Aufbaufaktor des Ostens, in: Aubin Hermann: Der deutsche Osten und das Abendland, München 1953, Seite 103
3) Conrad Hermann: Deutsche Rechtsgeschichte, 2. Auflage, Karlsruhe 1962, Seite 357 ff.
4) Homeyer G.: Die Stadtbücher des Mittelalters, insbesondere das Stadtbuch von Quedlinburg, in: Abhandlungen der königlichen Akademie der Wissenschaft zu Berlin, Berlin 1861, Seite 15

2. Deutsches Stadtrecht in Böhmen und Mähren

1) Helbig H. und Weinrich L.: Urkunden und erzählende Quellen zur deutschen Ostsiedlung im Mittelalter, in: Buchner R.: Ausgewählte Quellen zur Geschichte des Mittelalters, Darmstadt 1970, Seite 353 ff.
2) CDEM: II/68
3) CDEM: II/61
4) Helbig H. und Weinrich L.: Urkunden und erzählende Quellen zur deutschen Ostsiedlung im Mittelalter, Seite 385
5) Helbig H. und Weinrich L.: Urkunden und erzählende Quellen zur deutschen Ostsiedlung im Mittelalter, Seite 389
6) CDEM: II/75

7) Rössler E. Fr.: Deutsche Rechtsdenkmäler aus Böhmen und Mähren, Band II, Prag 1852, Seiten V, VI, XXIII
8) CDEM: II/145
9) CDEM: II/147
10) CDEM: II/213
11) CDEM: II/204
12) CDEM: II/250
13) Helbig H. und Weinrich L.: Urkunden und erzählende Quellen zur deutschen Ostsiedlung im Mittelalter, Seite 395
14) Rössler E. Fr.: Deutsche Rechtsdenkmäler aus Böhmen und Mähren, Band II, Prag 1852, Seite XXIV
15) CDEM: II/212
16) Rössler E. Fr.: Deutsche Rechtsdenkmäler aus Böhmen und Mähren, Band II, Prag 1852, Seite XXVI
17) Tomaschek J. A.: Deutsches Recht in Österreich im 13. Jahrhundert, Wien 1859, Seite 107 ff.
18) Rössler E. Fr.: Deutsche Rechtsdenkmäler aus Böhmen und Mähren, Band II, Prag 1852, Seite XXIV
19) Tomaschek J. A.: Deutsches Recht in Österreich im 13. Jahrhundert, Wien 1859, Seite 23
20) Lechner Karl: Handbuch der historischen Stätten Österreichs, Band I: Donauländer und Burgenland, Stuttgart, 1952, Seite 248
21) Wolf Hans: Falkenstein, seine Berge, Geschichte und Baudenkmäler, Wien 1959, Seite 94 ff.
22) Wolf Hans: Falkenstein, seine Berge, Geschichte und Baudenkmäler, Wien 1959, Seite 95
23) Wolf Hans: Falkenstein, seine Berge, Geschichte und Baudenkmäler, Wien 1959, Seite 96
24) Wolf Hans: Falkenstein, seine Berge, Geschichte und Baudenkmäler, Wien 1959, Seite 97
25) Tomaschek J. A.: Die Rechte und Freiheiten der Stadt Wien, Wien 1877, Seite VI
26) Tomaschek J. A.: Die Rechte und Freiheiten der Stadt Wien, Wien 1877, Seite VI
27) Tomaschek J. A.: Die Rechte und Freiheiten der Stadt Wien, Wien 1877, Seiten VI, VII
28) Tomaschek J. A.: Die Rechte und Freiheiten der Stadt Wien, Wien 1877, Seite VII
29) Rössler E. Fr.: Deutsche Rechtsdenkmäler aus Böhmen und Mähren, Band II, Prag 1852 Seite XXII ff.
30) CDEM: VIII/139

31) Rössler E. Fr.: Deutsche Rechtsdenkmäler aus Böhmen und Mähren, Band II, Prag 1852 Seite XXV
32) Rössler E. Fr.: Deutsche Rechtsdenkmäler aus Böhmen und Mähren, Band II, Prag 1852 Seite CXVIII
33) CDEM: I/168
34) Tomaschek J. A.: Deutsches Recht in Österreich im 13. Jahrhundert, Wien 1859, Seite 16
35) Tomaschek J. A.: Deutsches Recht in Österreich im 13. Jahrhundert, Wien 1859, Seite 2

3. Znaim vor der Stadterhebung im Jahre 1226

1) CDEM: III/72
2) CDEM: I/122
3) CDEM: I/125
4) CDEM: I/129
5) Cosmas: Chronica Boemorum in Monumenta Germ. Historica, 1851, Seite 80
6) CDEM: I/132
7) CDEM: I/170
8) CDEM: I/184
9) Cosmas: Chronica Boemorum in Monumenta Germ. Historica, 1851, Seite 106
10) Pittner: Ehrenspiegel der königlichen Stadt Znaim, in: Archiv für Geographie, Historie, Staats-und Kriegskunst, Wien 1821, Seite 363
11) Bretholz Berthold: Geschichte Mährens, Brünn 1893, Seite 295
12) Pittner: Ehrenspiegel der königlichen Stadt Znaim, Seite 363
13) Harrsen Meta: Cursus Sanctae Mariae, New York 1937, Seite 21
14) CDEM: I/339
15) CDEM: II/135
16) CDEM: II/142
17) CDEM: II/168
18) CDEM: II/166
19) CDEM: II/189
20) CDEM: VII/730
21) Frast Johann von: Das „Stiftungen-Buch" des Cistercienser-Klosters Zwetl, Wien 1851
22) CDEM: II/153

23) Schneider: Die Zisterzienser, Geschichte, Geist, Kultur, Köln 1986
24) CDEM: II/161
25) CDEM: II/75
26) CDEM: II/170
27) CDEM: II/229
28) CDEM: II/172
29) CDEM: II/65
30) CDEM: II/12
31) CDEM: II/71
32) Vrbka Anton: Gedenkbuch der Stadt Znaim, Nikolsburg 1927
33) Rössler E. Fr.: Deutsche Rechtsdenkmäler aus Böhmen und Mähren, Band II, Seite V
34) CDEM: III/103
35) CDEM: III/114
36) CDEM: II/172
37) CDEM: II/204

4. Das Znaimer Stadtrecht vor 1523 – Eine Entwicklung über drei Jahrhunderte

1) CDEM: V/264
2) Rössler E. Fr.: Deutsche Rechtsdenkmäler aus Böhmen und Mähren, Band II, Prag 1852, Seite 406
3) Tomaschek J. A.: Die Rechte und Freiheiten der Stadt Wien, in: Geschichtsquellen der Stadt Wien, Wien 1877, Seite VII
   CDEM: V/264
4) CDEM: IV/382, V/152
5) CDEM: VI/10
6) CDEM: VI/375
7) Tomaschek J. A.: Deutsches Recht in Österreich im 13. Jahrhundert, Wien 1859, Seite 117
8) Rössler E. Fr.: Deutsche Rechtsdenkmäler aus Böhmen und Mähren, Band II, Prag 1852, Seite 406
9) CDEM: VI/216
10) CDEM: VII/237, VII/238

11) CDEM: VI/266
12) CDEM: VII/31
13) CDEM: VII/83
14) CDEM: VII/124
15) CDEM: VII/226
16) CDEM: VII/586
17) CDEM: VII/573
18) CDEM: VIII/29, 30
19) CDEM: VIII/97
20) Brandl Vinzenz: Einführung zu Band VIII CDEM, Seite XII
21) Vrbka Anton: Das Municipalrecht der Stadt Znaim 1523, Seite 15
22) CDEM: XI/89
23) CDEM: IX/212
24) Pittner: Ehrenspiegel der königlichen Stadt Znaim, Seite 425
25) Pittner: Ehrenspiegel der königlichen Stadt Znaim, Seite 425
26) Pittner: Ehrenspiegel der königlichen Stadt Znaim, Seite 425
27) Pittner: Ehrenspiegel der königlichen Stadt Znaim, Seite 425
Vrbka Anton: Gedenkbuch der Stadt Znaim, Seite 101
28) Pittner: Ehrenspiegel der königlichen Stadt Znaim, Seite 426
29) Pittner: Ehrenspiegel der königlichen Stadt Znaim, Seite 435
30) Vrbka Anton: Gedenkbuch der Stadt Znaim, Seite 102
31) Hübner: Historische Regesten, Znaim 1867
Pittner: Ehrenspiegel der königlichen Stadt Znaim, Seite 436
32) Vrbka Anton: Gedenkbuch der Stadt Znaim, Seite 115
33) Hübner: Historische Regesten, Znaim 1867
Vrbka Anton: Gedenkbuch der Stadt Znaim, Seite 115
34) Vrbka Anton: Gedenkbuch der Stadt Znaim, Seite 115
Ilg: Der Codex der Stadt Znaim, in: Mitteilungen der k. k. Central-Commission zur Erforschung und Erhaltung der Baudenkmale, Wien 1870, Seite 89 ff.
35) Tomaschek J. A.: Recht und Verfassung der Markgrafschaft Mähren im 15. Jahrhundert, Brünn 1863, Seite 69
36) Hormayer: Archiv, 1825, Seite 12
37) Pittner: Ehrenspiegel der königlichen Stadt Znaim, Seite 446

38) Pittner: Ehrenspiegel der königlichen Stadt Znaim, Seite 447
Vrbka Anton: Das Municipalrecht der Stadt Znaim

5. Eine zeitgeschichtliche Betrachtung zur Entstehung des Stadtrechtsbuches von 1523

1) Palacky Franz: Urkundliche Beiträge zur Geschichte Böhmens und seiner Nachbarländer, in: Fontes Rerum Austriacarum, XX. Band, Wien 1860, Seite 300
2) Tomaschek J. A.: Recht und Verfassung der Markgrafschaft Mähren im XIV. Jahrhundert, Brünn 1863, Seite 65 ff.
3) CDEM: XIV/120
4) Tomaschek J. A.: Recht und Verfassung der Markgrafschaft Mähren im XIV. Jahrhundert, Brünn 1863, Seite 66

6. Richter, Bürgermeister, Schöffen und Stadtrat in Znaim

1) CDEM: II/71, II/12
2) CDEM: II/65
3) CDEM: II/136
4) CDEM: II/172
5) CDEM: II/264
6) Vrbka Anton: Gedenkbuch der Stadt Znaim, Seite 44
7) Vrbka Anton: Gedenkbuch der Stadt Znaim, Seite 75
8) CDEM: VI/9
9) Vrbka Anton: Gedenkbuch der Stadt Znaim, Seite 75
10) CDEM: VI/99
11) CDEM: VI/131
12) CDEM: VI/192
13) CDEM: VI/285, IX/378
14) CDEM: VII/892
15) CDEM: VII/108
16) CDEM: VII/166
17) CDEM: VII/230

18) CDEM: IX/28
19) CDEM: XI/74
20) CDEM: XI/515
21) CDEM: XI/534
22) CDEM: XII/5, XII/6
23) CDEM: XII/261
24) CDEM: XII/414
25) CDEM: XIII/141
26) CDEM: XIII/339
27) CDEM: XV/375
28) CDEM: XIV/35
29) CDEM: XIV/53
30) CDEM: VII/3
31) CDEM: IV/98, IV/210
32) CDEM: VII/151
33) CDEM: XIII/33
34) CDEM: IX/133

7. Ausstrahlung des Znaimer Stadtrechtes und Verbindungen zu anderen Stadtrechten

1) CDEM: VI/17
2) CDEM: VI/215
3) CDEM: VI/255
4) Vrbka Anton: Gedenkbuch der Stadt Znaim, Seite 47
5) Peltel Fr. M.: Kaiser Karl IV., König von Böhmen, Prag 1870, Seite 60
P. Ritter von Chlumetzky: Die Regesten, Brünn 1856, Seite 103
CDEM: VII/59
6) Vrbka Anton: Gedenkbuch der Stadt Znaim, Seite 47
7) Hartleb Fr.: Salzwedel, die alte Markgrafen- und Hansestadt in der Altmark, Salzwedel 1933, Seite 71
Rehme F.: Über Stadtbücher als Geschichtsquelle, Halle 1913, Seite 89

8) CDEM: VI/192
9) CDEM: VII/420

9. Die künstlerische Gestaltung des Stadtrechtsbuches durch Wolfgang Fröhlich von Olmütz

1) Ilg Albert: Der Codex des Znaymer Stadtrechtes, in: Mitteilungen der k. k. Central-Commission zur Erforschung und Erhaltung der Baudenkmale, XV. Jahrgang, Wien 1870, Seite 89 ff.

Literatur

Altrichter H.: Die Zisterzienser in Mähren bis Karl IV., Brünn 1943

Aubin Hermann: Der deutsche Osten und das Abendland, München 1953

Beyerle Konrad: Die deutschen Stadtbücher in: Deutsche Geschichtsblätter XI. Band, März/ April 1910

Boczek Anton: Codex Diplomaticus et Epistolaris Moraviae, Brünn 1836/1850

Brandl Vinzenz: Vorwort zu Band VIII, IX, X, XI, XII, XIII Codex Diplomaticus et Epistolaris Moraviae, Brünn 1874 - 1897

Bretholz Berthold: Vorwort zu Band XIV Codex Diplomaticus et Epistolaris Moraviae, Brünn 1903

Bretholz Berthold: Geschichte Böhmens und Mährens, Reichenberg 1922

Chlumetzky P. Ritter von: Einige Dorfweisthümer aus Mähren in: Archiv für Kunde österreichischer Geschichtsquellen, Wien 1857

Chlumetzky P. Ritter von: Die Regesten in den Archiven zu Iglau, Trebitsch, Triesch, Groß-Bitesch, Groß-Messeritsch und Pirnitz, Brünn 1856

Chlumetzky P. Ritter von: Vorwort zu Band VI Codex Diplomaticus et Epistolaris Moraviae, Brünn 1854

Conrad Hermann: Der deutsche Osten und das Abendland, München 1953

Conrad Hermann: Die mittelalterliche Besiedlung des deutschen Ostens und das deutsche Recht in: Arbeitsgemeinschaft für Forschung des Landes Nordrhein-Westfalen, Heft 35, Köln 1955

Diwald Hellmut: Geschichte Europas, Propyläen Band Ullstein, 1982

Diwald Hellmut: Geschichte der Deutschen, Propyläen, Ullstein, 1987

Dreyer J. C. D.: Jura statuaria civitatis Znaim, Moraviae anno 1314, Handschrift aus XVIII. Jahrhundert, Stadtbibliothek der Hansestadt Lübeck

Dudik Beda: Geschichte des Benediktiner-Stiftes Raygern, Brünn 1849 - 1868

d'Elvert Christian Ritter: Historische Literaturgeschichte in Mähren und Österreichisch-Schlesien, Brünn 1850

Fischel Alfred: Olmützer Gerichtsordnung, Brünn 1903

Fischer Heinz-Joachim: Mitra und Teufelstatze; das Konstanzer Konzil, FAZ 10. Mai 1991
Frast Johann von: Das „Stiftungen-Buch“ des Cistercienser-Klosters Zwetl, Wien 1851
Gaupp Ernst Theodor: Deutsche Stadtrechte des Mittelalters mit rechtsgeschichtlichen Erläuterungen, Breslau 1851
Gengler G. Ph.: Deutsche Stadtrechte des Mittelalters, Nürnberg 1866
Gollinger: Das Municipalrecht der Stadt Znaim 1523, in: J. Freiherr von Hormayr: Archiv für Geographie, Historie, Staats- und Kriegskunst, 13. Jahrgang, Wien 1822
Helbig Herbert und Weinrich Lorenz: Urkunden und ergänzende Quellen zur deutschen Ostsiedlung im Mittelalter, in: Buchner Rudolf: Ausgewählte Quellen zur deutschen Geschichte des Mittelalters, Darmstadt 1970
Homeyer Carl Gustav: Die Stadtbücher des Mittelalters, insbesondere das Stadtbuch von Quedlinburg, in: Abhandlungen der königlichen Akademie der Wissenschaften zu Berlin, Berlin 1861
Hübner Anton: Historische Regesten oder chronologisches Verzeichnis historischer Urkunden, welche teils im Archiv der königlichen Stadt Znaim, teils in Privatarchiven sich befinden und die Landes- oder Lokalgeschichte berühren, Znaim 1867
Ilg Albert: Der Codex des Znaymer Stadtrechtes, in: Mitteilungen der k. k. Central-Commission, Wien 1870
Kink Rudolf: Geschichte der kaiserlichen Universität zu Wien, Wien 1854
Kreuzer Anton: Geschichte Südmährens, Geislingen 1975
Kuthan Jiři: Die mittelalterliche Baukunst der Zisterzienser, München 1982
Lechner Karl: Handbuch der historischen Stätten Österreich, Band 1: Donauländer und Burgenland, Stuttgart
Lehmann Georg: Vollständiges deutsches Stadtrecht im Königreich Böhmen und der Markgrafschaft Mähren, Wien 1720
Machilek F.: Die Zisterzienser in Böhmen und Mähren, Königstein 1973
Markmann Fritz: Zur Geschichte des Magdeburger Rechtes, in: Magdeburg in der Politik der deutschen Kaiser, Magdeburg 1936
Mitteis Heinrich: Deutsche Rechtsgeschichte, 18. Auflage München 1988
Monse J. W. Edler von: Über die ältesten Municipalrechte der königlichen Stadt Brünn, Olmütz 1788
Palacky Franz: Würdigung der alten böhmischen Geschichtsschreiber, 1869, Neudruck 1969
Pelzel Franz Martin: Kaiser Karl IV. König von Böhmen, Prag 1780, 1781

Perz Georg Heinrich: Monumenta Germaniae Historica, Abschnitt XVII, Hannover 1861
Pittner: Ehrenspiegel der königlichen Stadt Znaim, in: Hormayr J. Freiherr von: Archiv für Geographie, Historie, Staats- und Kriegskunst, 12. Jahrgang, Wien 1821
Planitz Hans: Deutsche Rechtsgeschichte, 2. Auflage Graz-Köln 1961
Rehme Paul: Über Stadtbücher als Geschichtsquelle, Halle 1913
Rössler Emil Franz: Über die Bedeutung und Behandlung der Geschichte des Rechts in Österreich, Prag 1847
Rössler Emil Franz: Deutsche Rechtsdenkmäler aus Böhmen und Mähren, Band I Das alte Prager Stadtrecht aus dem XIV. Jahrhundert, Prag 1845
Rössler Emil Franz: Deutsche Rechtsdenkmäler aus Böhmen und Mähren, Band II Die Stadtrechte von Brünn aus dem XIII. und XIV. Jahrhundert, Prag 1852
Schröder Richard und Künßberg Eberhard: Lehrbuch der deutschen Rechtsgeschichte, Berlin und Leipzig 1932
Schubart-Fikentscher Gertrud: Die Verbreitung der deutschen Stadtrechte in Osteuropa, Weimar 1942
Schuster Heinrich Maria: Das Wiener Stadtrechtsbuch, Wien 1873
Seibt Ferdinand: Glanz und Elend des Mittelalters, Berlin 1987
Senkenberg Heinrich Christian Baron von: Visiones diversae de collectionibus legum germanicarum, Leipzig 1765
Tomaschek J. Anton: Deutsches Recht in Österreich im 13. Jahrhundert, Wien 1859
Tomaschek J. Anton: Recht und Verfassung der Markgrafschaft Mähren im 15. Jahrhundert, Wien 1863
Tomaschek J. Anton: Der Oberhof Iglau in Mähren, Innsbruck 1868
Tomaschek J. Anton: Die Rechte und Freiheiten der Stadt Wien, in: Geschichtsquellen der Stadt Wien, Wien 1877
Verbik Antonin: Rychtarske knihy mesta znoyma z prvni poloviny 15. stoleti
Vrbka Anton: Gedenkbuch der Stadt Znaim, Nikolsburg 1927
Vrbka Anton: Das Municipalrecht der Stadt Znaim 1523, Znaim 1931
Weigl Heinrich: Historisches Ortsnamenbuch von Niederösterreich, Wien 1974
Weizsäcker Wilhelm: Das deutsche Recht als Aufbaufaktor des Ostens, in: Aubin Hermann: Der deutsche Osten und das Abendland, München 1953
Weizsäcker Wilhelm: Die Entwicklung von Stadt und Stadtrecht in: Raumforschung und Raumordnung, Monatsschrift 5. Jahrgang Heft 10/12, Magdeburg 1941

Weizsäcker Wilhelm: Die Geschichte des Rechtes in Böhmen und Mähren, in: Preidel Helmut: Die Deutschen in Böhmen und Mähren, Gräfelfing-München 1952
Weizsäcker, Schultze, Schulze, Krause: Die Verbreitung des deutschen Stadtrechtes nach dem Osten mit Karte von Marks Else, in: Magdeburg in der Politik der deutschen Kaiser, Magdeburg 1936
Wentz G.: Das alte Recht der Stadt Salzwedel, in Hartlieb Fr.: Salzwedel, die alte Markgrafen- und Hansestadt in der Altmark, Salzwedel
Winter Gustav: Niederösterreichische Weisthümer II. Teil, Wien und Leipzig 1896
Wolf Hans: Falkenstein, seine Berge, Geschichte und Baudenkmäler, Wien 1959